「子どもが心を開いてくれない」
と感じたら読む

先生のための「聞き方」の本

渡邉 満昭 著

明治図書

まえがき

「先生」というものを自分なりに続けてきた中で、いつも不思議に感じていたことがあります。

それは、授業内容も特に変わったところはないし、新しい手立て、際立った手立てをとっているようにも見えないけれど、なぜか子どもも、そして先生自身も、生き生きとしていて、楽しそうなクラスが存在するということです。そんなクラスをちょっぴり羨ましいなと思っていた私は、実際に、そのようなクラスの様子を見せてもらったこともあります。しかし、そのようなクラスをつくるポイントは、当時の私にはあまりよくわかりませんでした。

ただ、「聞く」というテーマの本を執筆するにあたり、改めて考えてみたことがあります。なるほど、私たちは新しい技術、新しい方法を求めます。今もまさに教育の場は、大きな変革の中にあります。そのためどうしても、「先生」である自分が何をするか、何を話すかという「アウトプット」に注目しがちです。

もちろん私もそうでした。ですが、それなりに年代を経た今、クラスの経営について随分と自信がもてるようになった自分と、以前の自分とは何が違うのだろうと自問しました。行き着いたのは、以前の自分よりも「聞く」ということに重きを置いているということでした。あまり急がないで、その子たちの話に耳を傾け、しっかりと聞けているのではないかということなのです。

その気づきについて、改めて、自分のこれまでの実践と合わせて文章にしてみました。この「聞く」という教育技術に、教職としての早い段階で気がつくことができれば、もっといろいろな取り組みができたのかもしれません。しかし反対に、それなりに年代を経なければ、理解しづらい領域でもあるのかもしれません。

ですが、この「聞く」というポイントの大切さを、これから教職を始められる方々、そして今まさに「学校生活の中での教育的支援・心理的支援」を懸命に進められている方々には、ぜひ知っておいていただきたいと思い、今回筆をとった次第です。

学校、そして教室という「フィールド」を共にする者として、少しでも何かお役に立てれば光栄です。

二〇二三年五月

渡邊　満昭

目次

第2章 子どもの心を開く「聞き方」の技術

第3章 ケース別でよくわかる教師の「聞き方」

第1章

子どもの心を開く教師になるために

1 子どもは「心を開く」ものなのか

はじめての反応の無いクラス

そのクラスに入ったときの様子を、何年も経った今でも思い出すことがあります。

新しく勤務した学校で張り切っていた私は、つかつかとクラスに向かいました。とても賑やかで元気な様子が、廊下からもうかがえました。この様子なら、また子どもたちとおもしろいこと、楽しいことができるかもしれないなあと私は思っていました。

ところが、**教室に入ってみても、私の姿にはまるで関心が無いかのようにおしゃべりが続きます。**こちらを振り向くような表れも、私にはわかりませんでした。

「こんにちは」と声をかけてみても、状況はあまり変わりません。

そのときすでに何年間か教職を務めていたのですが、正直これは困ったぞと思いました。どの学校でも、先生が教室に入った途端に、子どもたちから歓声が上がるものだと思っていました。それは何校か異動してきた中で、初めて感じる感覚だったのです。

子どもの心はいつでも開くわけではない？

こんな経験、あなたにはありますか。程度の違いはあるものの、実は私たちの日常のあちこちにある感覚と似ているように思います。

ほとんどの職員がすでにそろっている職員室に入るときの感覚。相手に挨拶するタイミングを逃したまましばらく過ごすときの想い。声をかけたものの返事が返ってこないときの間の悪さ。気づかずに乗り越えていけるときもあれば、ちょっと気になってしまうときもありますが、私たちが集団で過ごす限り、いつも経験していることだと思います。

それは、受け手にとっても同じことです。あなたが電車の席に座っているときに、入り口に立つ乗客一人一人に対して、こちらから何か応ずることはまず無いでしょう。クラスにいた子どもそれぞれも一人の人間なのですから、まだ関係もできていない私に対して、いちいち反応することの方がむしろめずらしいことなのかもしれないのです。

もちろん、最初の例のような状況はいつものことではないでしょう。それでも、「子どもはみんなすぐに心を開いてくれる存在」という思い込みをもたない方がよいと思います。

私たちにできることは、**まずは自分の受け止めの癖を知ること、そして子どもを一人の人間として見ること。**それが次へのステップアップの鍵となります。

2 心は推し量るしかないもの

「君の気持ち、わかるよ」とは言うけれど

その時々の心の状態を「気持ち」ととらえて、ここではお話ししましょう。

私たち先生というものは、人の気持ちがわかる人、共感性が高い人とよく言われるし、なるほどそうありたいものだなあと思うこともあるかもしれませんね。

また、共感できる力が教職には求められているとも聞きます。共感できるからこそ、その子の思いを受け、その子への適切な支援のあり方がわかるということです。

だからついつい、

「君の気持ち、とてもよくわかるよ」

と言ってしまったときも、私にはあります。あなたはいかがですか。

たしかに、そうやって共感を示すことが必要だと思えるときはあります。しかし、よく考えてみると、本当に私たちに、相手の気持ちはわかるのでしょうか。

本当はわからないはずの相手の気持ち

私たちは、相手の様子をよく観察することには長けているかもしれません。また、繊細さをもって接し、相手の醸し出す雰囲気を感じようとしているのかもしれません。けれど、その人の気持ちは**「本当のところはわからない」**のです。

ついつい、「自分には、子どもたちの考えていることがわかる」というような、おごりや油断が出ることもあるかもしれません。特に、自分の予想したとおりに子どもたちが動いてくれるときなどは、そう思ってしまうのが人間というものでしょう。

しかし、そうしたおごりや油断に囚われては、やはりいけないということも、私たちは実はわかっているはずです。

もう一度振り返ってみると、「えっ！　思ったのと違う」「こんなはずではなかった！」ということが、実は多くありませんか。

特に子どもたちとの関わりの中では、そのようなことは日常茶飯事ではないでしょうか。子どもたち自身でさえ、自分の心がわからないときがあります。ですから**心とは、本人も、そしてその子と話している私も、「推し量る」しかないもの**なのです。

3 「心を開く」とは受け止め方のこと

心を開くとはどういうこと？

前項で、心は推し量るしかないということについて考えました。それでは、相手が心を開いているとは、どのような状態のことなのでしょうか。イラストで表現するならば、体の中の、心のある部分（どこにあるのでしょう？）を開いて心を取り出し、それを見せている様子を描きたくなりますが、実際にはそれは無理というものです。

相手が、「私は今こんな気持ちだからね」とその都度話して伝えてくれている状態のことではないか、という気もします。しかし、自分の言ったことと本当の気持ちが違うときがあるということは、誰しもが経験しているはずです。したがって、（疑うわけではありませんが）相手もまた、**言ったことと思ったことが違うときもある**と考えるのが賢明でしょう。

心を開くとは、私たちがどう受け止めるのかということ

このように考えると、「心を開いている」というのは、私たちの側から見て、相手が「心を開いてくれているんだなあ」と感じられる状態のことであるということが、本当のところなのでしょう。すなわち、**「心を開く」とは私たちの受け止め方のこと**であり、私たち自身が、相手が心を開いてくれているんだと感じられるような状況にあるということが、とても大事なのではないかと思うのです。

例えば、ついつい夢中になって相手と話し込んでしまうとき。相手も自分も、発言してはすかさず発言するということの連続です。そのようなときに、あれこれ考えを巡らせ、言葉を選びながら話すのはなかなかに難しいことです。相手が子どもであればなおさらでしょう。仮にそのとき出た言葉がそれまでの言葉と違っていても、その瞬間はそう思っているのだから仕方のないことです。しかし、そのようなときこそむしろ、その子が「心を開いて」まっすぐ私たちに投げかけてきていると、ひしひしと感じられるのではないでしょうか。

「魂の叫び」とは言い得ていると思います。「叫び」とまではいかずとも、**心を開いて話している言葉は、何かしら私たちの心に響く**ものです。

4 「心を開いた」と思えるとき

人の心はわからないのに

心とは、どこにあるのかもわからないし、今どうなっているのかを直接私たちの目や感覚で確認することもできないもののはずです。それなのに、私たちは相手の心が開くとか、相手の心が読めるとか、相手の心を知るとか言いますよね。**わからないもののはずなのに、相手の心が気になり、その心を探ろうとするような行動をとることがある**のです。これは、考えてみれば不思議なことです。わからないのにわかろうとするわけですから。

では、そうして相手の心をわかろうとするのはなぜでしょうか。もしかしたらそれは、**集団で行動をすることが多い人間に必要なことだから**かもしれません。みんなで行動するときに相手の気持ちがわからないと、ピンチを招いたり、危機に陥ったりすることが増えます。私も、一人で動き始めた途端に他の人とはぐれ、迷子になった経験があります。

特に、学校というところは、基本的には集団行動の場が多いです。個別最適と言われる昨今でも、基本はクラス単位で、学校全体では何百人もの子どもたちが集まっているわけなのですから。

心がわかる、小さな窓

私が思うに、**相手の心には小さな窓があちこちに開いています。**全体像はなかなか見えないけれど、あちこちから少しずつ相手の心の様子が見えていたり、その窓から輝きや涙のようなものがこぼれてきたりするのです。そして私たちは、それらの細切れの情報を総合して、相手の心を思いやります。すると、相手も自分の心の内を話してくれたり、期待に答えてくれたりすることがあるのです。それこそが、本当に「相手の心が開いてくれた」と思えるときなのではないでしょうか。

繰り返しますが、心が開いたとは、あくまでも私たちの側の概念です。相手の心が本当に開いているのかどうかは、やはり容易にわかりません。でも相手が、その小さなあちこちの窓からわずかに見せてくれるいろいろな情報に応える形で、私たちも寄り添っていくことにより、いつの間にか相手の小窓ももっともっと増えていって、自分の情報を色々と出してくれて、相手の気持ちがよりわかりやすくなっていきます。そういう状況こそが、「心を開く」ということではないでしょうか。

5 心を開いてもらうにはまず自分から

心は小窓からちょっとだけ見えている

前項で、心には窓があり、全体像が見えないけれども、そこからちょっとだけ相手の心が覗いている、そんな感じだとお話をしました。もしかしたら、相手にとっての私の心、私たちの心というものも、小窓からちょっとだけ見えている状況なのかもしれないと想像します。

初めて誰かと出会ったときに、まず自分からするものといえば、自己紹介です。私たち教員にとって異動はつきものです。赴任先では、子どもたち向けに何らかの自己紹介をする機会が設けられているのではないかと思います。

いろいろな紹介の仕方があると思いますが、時々、「本当に凄いな」「この人と話せたらちょっとおもしろそうだな」「こんな方法は思いつかなかったな」というような様々な方法に出会うことがあります。そんな心に残る自己紹介の大きな特徴は、やはり**その先生の一番大切にしているもの、大好きなこと、やってみたい思いなどが、その方の本心から生**

まれた言葉であちこちに散りばめられているということではないかと思います。その中には、受け止めやすいものもあれば、受け止めるのにそれなりに覚悟や経験のいるものもあります。しかしどんな内容であれ、数多くの本心が、あちこちの小窓からそれぞれに見えてくるような自己紹介はやはり心に残ります。

ピアサポーターに学ぶ心の開き方

障害や病気など、当事者としての経験を前提に、同じような状況を抱える人の話を聞くピアサポーターという活動があります。そうした方々は、自分の苦しかった経験を、胸の内を開いて相手に投げかけることで、相手の状況を少しでも改善できたらと願っておられるのではないのでしょうか。もしかすると、かつては話したくもないと感じていたかもしれない自身の困難さと向き合ってきた心を、自分からまず開き、自分の真実を話し、相手の悩みを受け止め、働きかけていくのです。

そこまでの深みはまだなくとも、子どもたちの心を受け止めるためには同じように、私たちは**先生として、まずは先生の中での心の開き方を身につけていく**ことが必要なのではないかと思います。

6 心を開いてもいいなと思える存在になる

聞いてもらいたいなと思える人

かつてあなたが心を開いてもいいな、話を聞いてもらいたいなと思えた人はいましたか？　いるのであれば、それはどなたでしたか？　それは、自分のどんな時期でしたか？　どんなことを話しましたか？　そして、どんな風に聞いてくれた人だったのでしょうか？　今の自分にとってはかけがえのない「聞いてもらえた経験」をくれたその人たちとの、一場面一場面を思い出してみましょう（もし、そのうちの一人が、私たちのような「先生」であれば、それこそ先生冥利に尽きるというものなのですが…）。

子どもたちが話しにくるときは

「ねえ聞いてよ！」と言いながら登校してくる子たちがいます。そういうときは、なぜかいつも月曜日の朝です。挨拶もせずにまくし立てて、勝手にプンプンしていることもあれば、ニコニコで出来事を話してくれることもあります。これは月曜日の挨拶代わりのようなものなのかなとも思っています。

思い詰めたような話ばかりではなく、子どもたちが楽に話してくれるようになったのは、意外と最近のことです。それは、「いざというときの先生」から、「いつもそこにいて、日常的にいつも言葉を交わしたい、交わしておきたい先生」へと、私の存在が変わってきたということなのではないかと思っています。

そのために私がしたことに自覚はあまりありませんが、相手の言葉遣いにいちいち反応することもなくなりましたし、何よりも「子どもの話を聞いてあげなければ」という「構え」がなくなりました。

そこから先は、自分の中の「子どもの自分」に任せてしまいます。ゲームのこと、虫のこと、魚のこと、勉強のこと、困ったこと、嬉しかったこと…。自分の経験の引き出しから、そのときの感触や感情ごと抜き出し、子どもたちの会話にどんどん加わります。今の子ども社会は複雑でわからないことだらけですが、時代の最先端を子どもたちが教えてくれます。そう思えるのは、肩肘を張らない、日常的でフラットな関係だからでしょう。

普段は先生の仕事をしていても、あちこちに自分と同じような「子ども」がちらちら見える先生なら、「相談してもいいかな」と思ってくれるのではないでしょうか。

7 そのとき、あなたはどう「聞く」のか

話にどう答えるのか

聞いたり話したりの関係ができていれば、その子はいろいろなお話を私たちにしてくれると思います。その子にとっての理由は、「話すことでスッキリする」「話すことで先生は何かを私のためにしてくれる」「話せることがちょっと嬉しい」など様々でしょう。

では私たちは、その子の話しかけにどのように応じていけばよいのでしょうか？

子どもが話しかけてきたとき、私たちはその子の表情や声の調子、リズム、スピード、声をかけてきたときの状況など、いろいろなものを総合して、その子の声かけがだいたいどのような内容なのかを考えていると思います。例えば、「ねえ聞いてよ」と問いかけてきた内容は、その子にとって良いことなのか、それともちょっと困ったことなのかの検討をつけつつ、「話を聞くよ」という姿勢を見せるのではないでしょうか。

ただし、第一印象で感じたことは、あくまでも私たちの側の予想になります。予想ができるに越したことはないのですが、子どもたちの表れにはいつも驚かされることばかりで

す。そのため、（私の場合は）**最初から決めつけて話を聞くということだけは避けておいた方が、結果的に良い**ことが多かったです。

話を聞くこと、話を受け止めることとは

ここからは、その先生のこれまでのその子との関係が、いろいろな場、いろいろなところで意味をもって表れてくる場面です。その子の背景や今までの動向、思っていること、今取り組んでいること、好きなことなどなど。その子にとって、「なるほど、先生は私のことをわかってくれているんだ」と思えるように、言葉を返してあげられたら最高でしょう。もちろん、緊急を要すること、何としても今支えてあげなければならないことなど、こちらのその子に対する想いもいろいろあるでしょう。

いずれにしても、その子が、

「ねえ聞いてよ。先生」

と言った瞬間に、先生とその子の間ではいろいろな情報のやりとりがなされます。その中で、**その子がより落ち着いて少しでも前に進めるように、いろいろな手立てを加えようとすること**――それが話を聞くこと、その子の話を受け止めることになるのだと思います。

8 聞いて、話して、結びつきを深める

聞くということの意味

これまでお話ししてきたように、聞くというのは、言葉を受け取るだけのものではなく、**聞くということについてくる様々な意思、心の動き、表れや行為の総合力**のことだと思うのです。場合によっては聞く前の様々なやりとりも含めて構わないでしょう。

また、聞くということは、その人の総合力なのですから、誰一人たがわず同じパターン、同じ方法、同じやり方が通用するというものではないでしょう。あなただけの、あなたしかできない望ましいあり方というものが、きっとあるはずです。

私が本書でお話しするのは、あくまでも私のやり方です。中にはあなたに共通する方法もあれば、到底受け入れられない方法もあるに違いありません。

ですが、「聞く」という行為のバージョンアップを進めるときに、自分以外の人のいろいろなやり方に触れておくということは、自分の「聞く」という行為や聞ける相手の範囲を広げていけるチャンスとも言えるのではないでしょうか。

また、聞くという行為はとてもプライベートな行為の一つでもあり、他の人が相手の話を受け止めたり、聞いたりしている場面をじっくり観察できることはまずありません。まして や、そのときに何を考えて話を聞き取っていたのかについて、一つ一つ聞くこともないでしょう。**「聞く」ということについて学ぶチャンスは、予想以上に少ない**のです。

聞いて、話して、関係を深める

その子の話を聞いて受け止め、真摯な言葉を届け、またその子が話を返してくれる。そんな関係が続いていけば、その子とあなたに信頼関係が芽生えるのではないでしょうか。聞いたり話したりのサイクルが何度も回るうちに、あなたはその子の状況を受け止めていけるようになります。またその子は、あなたに話すこと、あなたに聴いてもらうことが、きっとその次の自分を見つけ出すことにつながるんだという実感が得られるようになります。こうして良い循環が始まるのです。

聞いたり話したりという行為を通じて、ほんのわずかかもしれませんが、私たちの力でその子の成長を促すことができるのかもしれません。

この本の内容は、私が子どもたちの話を聞き、話を受け止め、またその子どもたちに言葉を返しながら、少しずつやりとりを深め、見守り育てた経験に基づく内容から記述してあります。そのとき、どう考えたかということも添えてみました。ぜひお役に立てばと思っております。

第2章

子どもの心を開く「聞き方」の技術

1 子どもが心を開くための条件

子どもが心を開くとは、子どもが心を開いているように私たちが感じられるときや、子どもがこちらを向いて心を開いてくれるだろうと思われる表れが見えるとき。

では、それは一体どこにあるのでしょう。

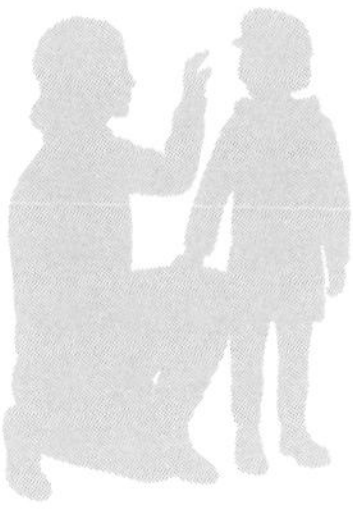

心を開くための条件のありか

子どもが心を開くための条件というのは、いったいどこにあるのでしょう? 場所や時間でないのならば、「人」なのでしょうか。では、どんな人のところにあるのでしょうか。

試しに一日だけで良いので、『心を開くための条件のありか』という課題を心に秘めて学校中を見回しながら過ごしてみましょう。すると、子どもたちと我々先生たちの関わりの場が、それなりに確保されている様子がわかると思います。廊下の片隅で、教室の中で、自分の目の前で…子どもたちと関わる場にはすべて、この「心を開くための条件」の何かがあるような気がするのです。

ポイントは、場所というよりも、**私たちの態度や構え**にあります。子どもたちが声をかけやすい、自分の素の姿を見せやすい、今考えていることを素直に打ち明けやすい姿勢や構え。私たちに子どもの心を受け止められる姿勢や構えさえできていれば、（特に年齢が下がれば下がるほど）その場所は問わないような気がするのです。**また、小さな子であればあるほど、その子が思いついたときに即相談できることの重要性が高まります。**なぜなら小さいうちは、その場で湧いてきた本当の気持ちもどんどん移ろいでいき、別のことにどんどん置き換えられ、忘れられていくからです（反対に、小学校高学年や中学校では、先生の構えもさることながら、話せる場所や時間帯も大きな意味をもつようになっていきます）。

ただ、その子たちの悩みや相談したい内容には、多かれ少なかれ深まりがあります。中には、何度もその考えを反芻したり、自分なりにある程度まとめたり、解決しようとしたりする動きもきっと出てくるに違いありません。その上で、あえて私たちに相談するという選択をするのですから、即相談されなければダメだということではなく、一定の時間が経過していても、それはそれでその子の独り立ちのための力にはなっているととらえましょう。もちろん、緊急性を要する場合もあります。ケースバイケースです。

まずは先生から子どもの側の条件に寄り添うこと

まずは、相手に見えているもの、聞き取れているもの、感じている雰囲気など、**私たちがつくり出す環境というものを自覚しておくこと**が、子どもの心を開くための条件の第一となります。

なお、これはテクニックではありません。また、私たちには私たちらしさがあります。相手との相性もあります。私ではない人の方が相手も心を開きやすいし、相手にとっても有益な話ができる場合だってたくさんあるのです。すべてを自分一人で抱えようとすることはありません。相手は自ずと選択をしていきます。私たちは私たちで、自分らしさを忘れずに、できることを行っていけばよいのです。

まずは、**時々自分の顔を鏡で見てみましょう。**私も、あまり自信はありませんが、時々見るようにしています。自分の思っている姿と鏡の中の姿には、かなりギャップがありますよね。別に難しい顔をしているつもりはないのに、鏡の自分は難しそうな表情を見せていることがあります。これはいけませんね。気をつけなくては。

さらに、**全身**を映してみてもいいかもしれません。子どもの話を聞くとき、私たちは膝を折り曲げて相手の顔を覗き込むような形をとることもあります。子どもの目線から見上げたとき、「ちょっと怖いなあ」「嫌だなあ」と思わせず、「何でもウェルカムだよ」というメッセージを打ち出せるような姿勢になっているでしょうか。あれこれ考えるよりは、鏡に映る自分の姿を見ながら改善するのが早いでしょう。

その次は、**声**です。アニメの声優は、その場や状況において実に巧みに声を操ります。「はぁって言うゲーム」というゲームもありますが、我々は、「はぁ」の声一つだけで様々な感情を出しているわけです。**自分の声を客観的に聞く**ということも、受け入れやすさへの第一歩です。

2 心を開きにくい子もいるということ

ドラマのセリフで、「君は何を考えているのかわからない」と聞いたことがあります。
世の中、自分の心を開きにくい子もいるのです。その子の話、どうやって聞いたらよいのでしょう?

「君は何を考えているのかわからない」

「君は何を考えているのかわからない」と、かつての私はよく言われていた気がします。それは要するに、聞いている人が予想した答えが返ってこないために、「君の言っていることは、私には(それを受け取れるだけの自分のデータベースがないために)わからない」と言われていたのかなととらえています。

このように、「心を開きにくい」という状況の一つに、**その人の心が自分の予想とかなり違う感触があり、気持ちの予測ができず意思疎通が難しい**ということがあります。また、**表情が動かず、行動の表れもあまりない**状況の場合も、その子の気持ちはなかなかわかりづらいものです。

眠っている子の心

わが子がスヤスヤ眠っているときに、何を考えているのかなと想像することがありますよね。寝ている子がいったい今、どんな夢を見ているのかは、その子と普段から接している家族であれば、寝る前の行動やタイプ・性格がある程度わかっているので、少しは予想がつくのではないでしょうか。ですが、突然寝ている人がその場に現れて、その人の気持ちを想像してごらんと言われても、それは無理というものですよね。その人の情報がまったくないのですから。

それと同じように、心を開きにくい子というのは、**その子と会うまでに、**また、**会ったその場において受け取れる情報が、本当に乏しい子**であると考えることができます。

通常学級であっても、子どもの表情や行動の表れは様々です。中には、話したくてもなかなか自分の言葉が出てこない子や、自分では微笑んでいるつもりなのに、外から見ると表情の変化が出にくい子もいるでしょう。

発達上の凸凹をもつ子どもたちの状況

そんなとき、発達上の凸凹をもつ子どもたちの状況について一定の知識があれば、様々な表れについての理解も加わり、「その子なりに心を開いてくれているな」と感じやすくなります。

①緘黙《かんもく》症

緘黙《かんもく》症の子には、話したくてもなかなか言葉が出ず、体も硬直したように動かないケースがあります。それでも一緒に過ごしていると、その子の中で表情の変化があったり、その隣に意思を感じさせる動きが出たりしていることが、次第に見えてくることでしょう。また、一緒に過ごす時間が長くなればなるほど、独特の緊張感も少しずつほぐれてきて、当初より柔らかい表情や行動が見え始めることもあるのではないかと思います。最初は小さな声かもしれませんが、少しずつその本来の言葉が出てくることもあります。

②自閉スペクトラム症

自閉スペクトラム症の子には、情報を受け取る側である私たちが「心を開いている」と感じる判断基準とは、かなり違う表れがあるかもしれません。行動から、その子の中にこだわりや決め事があるかのように見える場合もあると思います。例えば、自分の傍らにいるけれど、何も行動せず、表情も変わらず、ただ立っているだけに見える場合もあります。でも、もしかしたらその表れが、こちらに興味をもって、精一杯の親愛の情を見せてくれているという、その子なりの表現なのかもしれません。

だからこそ私たちは、**自分の第一印象では心を開きにくい感じのする子が目の前にいた場合に、あれこれ試みることのできる、様々なアプローチの方法を身につけておく**ことが大切です。方法がなるべくたくさんあり、その子自身が選択したり、その子に合わせてこちらが調整したりできれば、心を開きにくい状況は、少しずつですが改善されていくものではないでしょうか。

そこに、この本の意味がある気がします。

3 子どもが思わず話したくなる状況設定

子どもの頃のあなたもきっと、自分の担任の先生に話をしたいな、話を聞いてもらいたいなと思った経験があるのではないでしょうか。実際に話せたこともあったでしょうし、話せなかったこともあったでしょう。そのときの先生の姿が今回のヒントです。

そのとき先生は何をしていましたか。また、どこに座って何をしていましたか。どんなときに話をしやすかったのでしょうか。

子どもの側から話せるように

子どもの頃のあなたの担任の先生の姿を、思い出せますか?

そのとき、先生は何をしていましたか？　または、どこに座っていましたか？

どんなときに話をしやすかったのでしょうか？

人によっては、もう何十年も前のことかもしれません。しかし、もし思い出すことができたなら、そこにこの項目の課題へのヒントがあるのではないかと思います。というのも、**思い出されたその先生の姿は、おそらく、「あなたが話しかけていたそのとき」の姿**なのではないでしょうか。

また、ここでとても大事なのは、その「話しかけていたとき」は、「話してごらん」と先生から言われて、個室で話をするという状況ではなく、教室などで、ちょっとした時間を先生がつくってくれて話したという状況のことがほとんどなのではないかと思うのです。

カウンセリングや傾聴とは少し違う

カウンセリングや傾聴など、「聞く」ということを大切にした心理技法は、私たちにとってとても参考になります。ですが、子どもたちと先生が過ごすのは、個室ではなくいつもの教室であり、グラウンドであり、校庭なのです。相談室で「聞く」という状況とは、やはり少し違います。

また、先生の場合は、相談の対象が、自分のことを言葉で話したり、客観的に見たりすることがまだ難しい年代の子の場合も多いのです。自分のことをまだ上手に語れないのに、心理技法をそのまま実施するのは、やはり難しさがあると考えます。

大事なことは、**日常の慌ただしさの中で一緒に過ごし、なおかつその中で「聞く・話す」ことが何かを生み出している**ということなのだと思います。それは、**「学校生活の中でのちょっとした心理支援」**とも言うべきものかなと思っています。

思い出される先生の姿

私は、先生になろうという強い思いがあって先生になったと、自分では思っていません。地域性や周囲の期待など、いろいろな要素の上で、気がついたら先生になっていたとでもいうのでしょうか。

ただ、この本を手に取っている皆さんと多分共通しているのは、**子どもの頃、先生という存在をとても信頼していた**ということです。だから、先生の方をよく見ていたのかもしれません。何を話したのかは忘れました。でも、かけてもらった言葉は、断片的ですが今も覚えているものがあります。

さて、あなたの思い出した先生のイメージはいかがですか？　先生はクラスの日常の中にいませんでしたか？　きっと、目の前で何か作業をしていたかもしれませんね。ノートの丸付けとか。だけど、時々こちらをちらっと向いて、なんとなくこっちが話しかけたら答えを返してくれそうに思える状況にあったのではないでしょうか。

また、目の前の先生は、温かいオーラ・雰囲気も出してくれていたことと思います。きっとあなたとその先生の関係は、日常的に親しいものがあったのでしょう。

つまり、**いつもその先生は、ちょっとした声かけで何らかの反応を示してくれていた**のでしょう。あなたが問いかければ、その先生はきっと答えてくれる。そんな関係がいくつも積み重なってきていたのではないでしょうか。

逆に、先生の反応が一貫しておらず、声をかけたときの反応が予想できないような場合は、敏感な子どもたちは口を噤んでしまいます。

日常の些細なことに、その先生がどのように応えてきたのか。その積み重ねが、「子どもが思わず話しかけたくなる状況づくり」に大きく影響しているのです。

4 子どもが話し出したらまずすること

何も語らなかったその子が話し出すその瞬間。立ち会えた私たちにとっては、とても幸せな瞬間だと思います。
話し始めてくれたその子の気持ちを大切にするために、私たちはどうしたらよいのでしょう？

遮らない

子どもが話し出した瞬間に私たち教師が立ち会えたら、まずすることはいったい何でしょうか。

大事なことは、**その言葉を遮らないこと**です。

「ええなんで」「どうして」「ちょっと待った」などと言わないで、まずは一通り聞くという習慣づけが、先生にとっては大切なポイントです。

子どもが話しかけてくるときは、往々にして、先生たちにとっては忙しい日常の中ではっとひと息入れたくなるような時間です。しかし、忙しさを理由にして言葉を遮ってしまうことは避けたいところです。

相手の話を受け止める姿勢と言葉

子どもが話しかけてきたときには、じっと見つめる必要はないにしても、その子のあり方や様子、表情、そして想いを最大限汲み取れるように視線を意識します。また、相槌を打ったり、頷いたり、自分がその場でとれる最大限の方法で、**「話を聞けるよ」「大丈夫だよ」と相手が受け取れるような姿勢**を見せましょう。すると自ずと、私たちの姿勢は相手の目線までだんだんと下がっていき、場合によっては前のめりになることもあります。膝に手を置いて、だんだんと座りながら相手の話を受け止めようとしている先生方の姿を見かけることがありますが、まさにそのような姿勢です。

また、相手の言葉をこちらも同じように繰り返してあげたり、うんうんと言って受け止めたりします。聞いていて思いついたり、その子に聞きたくなったりしたことがあっても、それは後ほどとして、**まずはそのとき受け止めたことを返していく**方が、きっと話の内容が見えてきます。

「先生、悩みがあるんだよ」
「なるほど悩みの話か。わかったよ」

という風にです。

気をつけなければいけないのは、忙しさに紛れて、ついついその場で結論を出そうとしたり、その場でまずできることを急いでやろうとしてしまうことです（もちろん、命に関わるような緊急事には、その場でさっと決断し行動しなければなりません）。こうした子の話の内容は、ほとんどが些細なことかもしれませんが、その子はきっと、「この先生は私の話を受け止めてくれているのかな」ということを、何となくリサーチしています。小さな話題や相談事の積み重ねが、本来その子が一番話したいこと、一番重要なことへとつながっていきます。

話を続けやすい状況をその場でつくる

もう一つ意識したいのは、その子が話し出したら、**インスタントで構わないので、話を続けやすい状況をその場でつくり上げていく**ことです。その子には先生しか見えていなくても、先生にはその子の周囲も、ちゃんと見えているはずです。

・少しずつ少しずつ別の部屋に誘導して、その場でじっくり話を聞く。
・廊下での立ち話なら、座れるような場所を一緒に歩きながら探して話をする。
・みんながガヤガヤしていて、周りがこちらに注目するような場面であれば、少しずつ離れて、相手と話がしやすい場所へ移動する。

そこまでできてこそ、我々教員はその子の話し出せた勇気を尊重でき、実は見ていないようで見ているかもしれない、これから話したい子たちに向けて、話して安心・安全のメッセージを投げかけることにもなります。

さりげなくこうした行動がとれることを、目指していきましょう。

5 万能薬となる「笑顔」

かつてのある日ある学校の、職員室での話です。

「先輩はいつもニヤニヤしてますねぇ」

この一言に、私はちょっとむっとしてしまいました。

全く失礼ですよね。ですが、実は続きがあったのです。

ニヤニヤ、ニコニコの笑顔に何を感じるのか

「先輩はいつもニヤニヤしてますねぇ」

ある日、職員室での後輩からの一言に、私はちょっとむっとして問い返しました。実はこの後輩、同郷で小さな頃からの顔見知りです。

「えっ、何のこと？」

「いやね、先輩はいつもニヤニヤ、いやニコニコしていて笑顔なので、また何か楽しそうなことをしているのかなと、僕はいつも思っちゃうんですよ」

思えば、写真に写る自分は、決まって顔が緩んで歯が見えています。体育会系の先輩からは、気を緩めず歯を見せないようにとよく叱られました。というわけで、自分の表情にあまり自信はありません。ですが、なるほど好意的に受け取ってくれる人もいるんだと少し嬉しくなりました。

そういえば、なぜか街ではよく道を聞かれます。ちょっと堅めの自分に声をかけるのは、自分自身なら遠慮したいところなのですが。

また、学校では、休み時間や職員室と教室の往復の度に、いつの間にか子どもたちが声をかけてきます。しかも自分のクラス以外の子も多いのです。なんだかんだで今まで十数校、各種学校間を異動してきましたが、どの学校でもなぜか起こる現象です。その学校を去るまでに、毎日私と顔を合わせては、話しかけてくる常連さんが何人か出てきます。
学校の階段で、すれ違った子が、

「先生、また会ったねえ」

と言って子どもなりの世間話をするなんて、改めて考てみるとちょっとほのぼのしますよね。でも、毎日の忙しさのあまり、なぜそうなのか考えたことはありませんでした。

子どもたちがまた話しかけてくる一番の理由

その子は誰にでも話しかけるのかというと、そうでもなさそうです。どうやら、話しかける相手がほしいときに、話しかけやすそうな自分が通っただけのようなのです。
クラスを毎日訪ねてくる子もいます。その子は昨年度まで受け持っていた子です。現在の担任の先生との関係も良好ですので、別に愚痴が言いたいわけではなさそうですが、

「先生、僕最近〇〇ができるようになったんだぜ」

と自慢話が続きます。もちろんそれは、本人の頑張りと、現担任の尽力にもよるものだと思いますが、それは本人も少しはわかっているようです。実は、担任に言うのが気恥ずかしいので、昨年までの姿を知る自分に、進歩を毎回伝えに来るということのようでした。

さて、こうした子どもたちの行動を、一回限りではなく、何度も何度も繰り返して行えるようにしているものは何でしょうか。目の前のその子を見るとき、声をかけるとき、話を聞くとき、聞いた話に何か言うとき、雑談し、その子を見送るとき。現クラスの子どもたちによれば、**そういうとき私はだいたいニヤニヤしている**のだそうです。歯を見せながら、ちょっとはにかんだような笑顔です。

我々教師が、子どもと接するときに行う動きには、皆さんそれぞれのパターンがあると思います。そのときの優しい手立てとともに、**ちょうど子どもの目の前にある私たちの表情こそが、子どもの受け止めの快不快を決めている**のです。皆さんも、「またこの人と話してみたいな」と思えるときには、脳裏にその人の、自分にとって親しみのある笑顔が浮かんでいるのではないでしょうか。そして、きっと話しかけているあなたも、いつの間にか笑顔になっていたことでしょう。聞いたり話したりしながらの、ちょっとした笑顔のやりとりには、不思議とよく効く薬効があります。お試しください。

6 自然と言葉を生み出す「安心・安全なクラス」

どんなクラスなら、他の子との関わりが苦手で自分からあまり話もできない子が、その子らしく振る舞えるのでしょう。また、あまりストレスを感じることなく過ごせるのでしょう。その実現のために、私たちができることは一体何なのでしょうか。

クラスを耕すために私たちにできること

もしクラス担任の方がこの本を手に取ってくださっているなら、ぜひお伝えしたいことがあります。クラスの中で、ちょっと浮いてしまうような子がいたとき、ついついその子を変えることを第一目標にしていませんか？　例えば、その子の話を聞き、現状を把握し、みんなと話すといった目標を立て、関わりの場をつくっていく、というように…。

もちろんそれは、とてもとても大切なことです。ただ私たちは、個別の対応がメインとなるカウンセラーの立場ではありません。また、個別の場はいつも確保してあげられるわけでもありません。一方で私たちは、その子も含めたクラス全体の子どもたちと、毎日一緒に過ごしています。一週間に一度会えるだけではないのです。一人でクラス全体にアプローチをかけるのは、なかなかに大変です。誰かに手伝ってもらってもよいでしょう。しかし、担任である私たちにしかできないこともあります。

もし仮に、子どものとった方法が望ましくないものであっても、毎日一緒に過ごせるということは、軌道修正も可能であるということです。ですから、**その子への対応と並行して、クラス全体を見渡してのアプローチをすべき**であると思っています。

まずはクラスの状況のアセスメントから

まずは、クラスの状況をできるだけ把握しましょう。アセスメントの方法は様々ですが、例えば、「得意なことアンケート」や「自己肯定度調査」のようなものを行う方法があります。個々の子どものクラス内での立ち位置を客観的に示してくれる調査もあります。

ここで注意しなければならないのは、これらはあくまでもアンケートであり、しかも回答するのは、その時々の感情に左右されがちな子どもたちであるということです。されど、記述の中には、決して見逃してはならないようなことがあるかもしれません。まずは実施してみて、子どもたちの前に立つ自分が得られた感覚とその結果を比べてみるとよいでしょう。例えば、「このクラスは人の失敗を槍玉に挙げて必要以上に追及する気がするが、どこかに関連する表れがあるか」というようにです。

互いが認め合えるクラスづくり

①まずは年度初めに、クラス目標決めを通して、子どもたちと共に「クラスがあるからこそおもしろい、楽しい、ためになる」という共通理解の場をもてるようにします。その際、なるべく子どもたちの発言から言葉を拾っていきます。信頼できるリーダーが育っていれば、なるべくリード役を任せてみるとよいでしょう（その方が、自分たちの目標であるとより実感しやすくなります）。

②その上で、自分の自慢づくり（得意なことの認知）、友達の良いところ探しを進めます。教師からは、「学校に失敗はつきもの、誰にも得意なことも苦手なこともある。お互い

の得意を生かして、お互いのためになることがクラスの意義」ということを伝えます。

③さらに、クラスでいることの意義が感じられるような集団カウンセリングプログラムを進めていきます。認め合いの機運を強化するため、ちょっとした良さを見つけ、ほめ、何に役立つかを一緒に考え、積み重ねを図ります。「イラストが得意」など誰もが思いつくものから、「ミジンコを飼うのが得意」といったその子ならではのものまで、なるべくバラエティーに富んだ「良さ」を見つけられると楽しさが生まれ、競合もしません。

④なるべく関係が固定化しないよう、意図的な席替えも行います。定期的な席替えの後、お互いの言葉かけ練習やミニゲーム、グループ学習を進めるのです。また、振り返りの場をもち、言葉をかけるとどんな思いをもつのかを体験しつつ学べるように配慮します。

小学校で担任が果たす役割はとても大きなものです。何よりもまず確保したいのは、**互いが認め合える受容的なクラスづくり**です。子どもたちの考えを担任が上手にリードし、配慮を要する子が安心できる場づくりを進めた上で、その子と周囲がより良い関係を結べるように、順次手立てを打っていくのです。その子の思いを汲み、他者とつなぎ、チャンスを逃さずに良い表れを積み重ねていくことで、その子も周囲も変わっていきます。

7 話してもいいんだと思える「教師の振る舞い」

「振る舞い」には、その先生が醸し出す様々な姿や雰囲気も含みます。先生も人間ですから、一人一人個性的です。「安心できる」「信頼できる」「話を聞いてくれる」と感じてもらえる先生は、その振る舞いから、いろいろなメッセージを出してくれています。

話してもいいんだと思えることの大切さ

子どもが「この先生なら話してもいいんだ」と思える教師の振る舞いとは、どういったものでしょうか。ここでも、子どもの視点の側に立って考えてみることにしましょう。

私たちが子どもだったとしたら、「話したくなる先生」として、どのような姿を思い浮かべるでしょうか。あなたの頭に浮かんだのは、きっと今まで自分が出会ってきた数々の先生の中で、一番あなたが話しやすかった人の姿なのではないかと思います。

そういう先生に対して、子どもは、「先生に話したら、きっとこんな答えを返してくれるだろう」という予想や、その予想を超える新しい発見や新しい考え、新しい方法を付け加えてくれるかもしれないという期待を感じているはずです。

その先生の振る舞い

あなたが思い浮かべた先生は、いつも同じように、にこやかで穏やかな姿勢であなたの話を聞いてくれたことでしょう。また、自身がかなり忙しい状況でも、一瞬でも「話を聞くよ」という場面を設定してくれて、真摯にあなたの話を受け止めようとしてくれているように感じたと思います。

つまり、

・自分の状況に関わらず、その子を受け入れやすい状況を即座につくり出せること
・いつ話しかけても、安心できること

・いつ話しかけても、嫌な気持ちをもたなくて済むこと

…といったことこそが、「話してもいいんだ」と思える先生の振る舞いの一番の魅力であり、先生の信頼を形作るものではないでしょうか。

このことはつまり、**毎日のほんのちょっとの積み重ねを通して、子どもの中に好印象をつくり上げていくことができる**ということに他なりません。子どもたちは、話さなくても、先生の落ち着いた振る舞いを通して、「自分のことを温かく受け止めてくれている」という印象を、先生の姿を見る度にメッセージとして受け止めることができます。それが、「話してもいいんだ」と思えることにつながるのです。

本当に忙しいときは、約束して確実に果たす

それでも本当のところ、私たちはいつも落ち着いて穏やかに過ごすばかりではいられません。予定はあっても、たくさんの元気な子どもたちが集う職場なのですから、突発的なことも多いと思います。

目の前に話したそうな子どもがいても、別の場所に駆けつけなければいけないこともあ

るでしょう。そんなときは、**相手に待ってもらうと同時に、お願いごとも頼む**ことをおすすめします。

「その話、急がなくても大丈夫かい。実は困ったことになった。ちょっと行ってくるよ。もしよかったら、みんなにこれを伝えておいてくれると助かるよ。戻ってきたらまた必ず話すよ」

という具合です。

このように伝えることで、相手が困っているときに、その子がどう行動するのかをちょっとうかがうチャンスにもなります。なかなか教師と関係がつくれなかった子が、いつもとは違う真剣さで、私が戻るまでに大活躍していてくれたこともありました。

「先生、頼まれごとやっておいたよ」

その言葉から、戻ってきた後もいい雰囲気のまま、また話を聞き始めることができます。

8 子どもが思わずアクションを起こす「つぶやき・独り言」

つぶやきや独り言は、どちらかというと、世間ではちょっと怪訝に思われるものです。しかし子どもとの関わりの中では、意外な効果が出るものなのです。

あなたのつぶやき、生かしてみることもできそうですよ。

大切なつぶやき・独り言

子どもたちと毎日接して思うことは、いつもなかなかに賑やかで、しかもつぶやきや独り言がとても多いことです。もちろんその子によってですが、自分の考えていることの切れ端をずっと口にしている子もいます。また、驚いたときや感嘆したときに、言葉があふれんばかりに漏れる子もいます。

考えてみれば、日々の授業もそうですよね。つぶやきや独り言が多く漏れてくる授業には活気があります。つぶやき次第で、課題に対するおおよその子どもたちの考え方がわかります。場合によっては、クラスでのつぶやきの分布の仕方で、「だいたいどのくらいの子がこう受け止め、その他の子はこんな感じで受け止めている」と気がつくこともあります。このように、日々、つぶやきを上手に聞き取って授業を構成されている先生も多いのではないでしょうか。

「聞く」ことを大切にしたいとき、**すでに子ども側から投げかけられているとも言えるつぶやきや独り言は、その子との関わりの中でとても大切な、宝物のようなもの**なのです。

先生のつぶやき・独り言体験から得られるもの

おもしろいことに、先生という人物も実によくつぶやいたり、独り言を言ったりします。

「いやー忙しい。あれはどこへいったかな」

「うーん。これは困ったぞ」

というように（私もその一人です）。すると、これまた興味深い感慨深いある現象が、学校の職員室では起こります。思わずこぼれる独り言に、職員室にいた先生が

「どうした？　何か困った？」

と必ず聞いてきてくれるのです。

また、周囲に誰もいなくても、自分で自分の考えを口にしていることもよくあります。録音された自分の声を聞くと自分の言葉を注意深く受け止められるように、独り言には、耳から入る情報として受け止めることで冷静に聞くことができるという効果もあります。

子どもの前でつぶやくと

ここで述べたいのは、先生のつぶやきや独り言が、クラスの子どもが思わずアクションを起こす状況設定に一役買っているのかもしれないということです。

もし、子どもたちから「先生、独り言多いね」と指摘されてしまうとしたら、それは、先生の小声のつぶやきも、子どもたちが拾ってくれているということに他なりません。

そして（私自身、実はあまり覚えてはいないのですが）先生の独り言の中には、

「もう少しここのところでやってくれたらちょっと嬉しかったなあ」
「その○○のところがいいんだよなあ」

というように、**クラス全体への期待や、その子への期待の独り言**も含まれます。こうした独り言の一つ一つに対して、子どもたちは予想以上に反応してくれます。独り言を発した先生本人が忘れてしまっている一言を、子どもたちは覚えていてくれます。また、子どもたちは、ついついそのつぶやきの意味を、先生に聞きたくなります。そのままでは何のことかわからないようなつぶやきは、子どもにとって謎かけのようにも響くのです。

発達段階から考えると、子どもたちは、周りの情報をいろいろと取り込みながら、自分というものをすごいスピードでつくり上げている年代です。その中に、先生の「つぶやき」や「独り言」から思わずこぼれた期待も盛り込んでくれるとすれば、つぶやきや独り言はなかなか捨てたものではないと思うのです。

9 気持ちを和らげる「ホワイトボード」

毎日の授業の中で、手持ちで使える、軽くて薄いホワイトボードを使っていらっしゃる方も多いのではないかと思います。このホワイトボード、工夫次第で、いろいろと「聞く」という作業に使えるんです。

ホワイトボードの特性とは

この十年ほどで、ホワイトボードは随分身近なものになりました。ここで取り上げるホワイトボードは、Ｂ５からＢ４サイズの手持ちのもののことです。

さてここで、このホワイトボードの特性を考えてみましょう。まず白いですよね。白いだけならノートも同じなのですが、ノートより感触がなめらかです。マーカーを使ってくっきり書けますし、さっと消し去ることができます。私が思うに、この**マーカーによる書き味と予想以上にくっきりした筆跡のコントラスト、そしてさっと消し去ることができるところ**が大きな魅力です。また、その白さが、なんとなく描いたもので埋め尽くしたいという気持ちにさせるのかもしれません。

教室には、紙のノートでは全く筆の進まない子がいます。何か描いてよと伝えても、ノートも鉛筆もさっとしまって、取り付く島もありません。

ところが、そんな子でもホワイトボードは興味津々、どんどん自分の思いつくことを描き進めていくのです。思いついたことをすかさず表現しているわけですから、これこそ心を開いて私に見せてくれている瞬間に他なりません。

ホワイトボードの特性を使って

その特性を上手に使えば、子どもたちはいろいろな話をホワイトボードに載せて話してくれるでしょう。その子がなかなか自分の話ができないとき、私たちが陥りやすいのは、沈黙を恐れついついつい話しかけてしまうことです。そこで、ホワイトボードを渡しておくことで、「ゆっくり待っているよ」というメッセージにもなります。その子が何か描いてくれるようなら、その様子を眺め、相手と同じ時間を共有しつつ、こちらもじっくり待つことができます。その上で、書いた言葉でやりとりをしてみたり、絵が得意な場合は、絵を描きながら相手とのやりとりの場を少しずつ広げていったりすることができるのです。

子どもと向かい合うときは、ある意味真剣勝負です。そのちょっとした緊張を、ホワイトボードを使って微笑みに変えたり、温かみをもたせたりしながら、少しずつ解きほぐしていくことができるのではないでしょうか。

これは言葉主体のコミュニケーションにいつも依存している私たちが、**言葉以外の視覚的なものを使って、相手とのコミュニケーションを成立させることが（その場ですぐに）できる**、ということでもあるのです。

実際に、私が実践したときのことをご紹介します。なかなか話をしてくれない子に対して、黙ってホワイトボードと筆記用具を貸してみました。その子は、ちょっと考えながらしばらく黙っていたのですが、自ずとペンをとり、書き出しました。それは、自分がどういうことを考えていて、自分が今どういう気持ちなのかということを表すマンガのような内容でした。その子はあまり話さないのですが、ホワイトボードが物語るその子の姿は、とてもとても饒舌なものに私には見えたのです。

時間はかかります。しかし、**ホワイトボードを一枚渡しておくだけで、その子が今抱えている状況や気持ちが、目の前のホワイトボードに表現されていく**のです。もしかしたら、言葉よりもある意味確実に、その子の内面をとらえているのかもしれません。その子にとってホワイトボードというのは、自分の気持ちを自由に表す鏡のようなものになると言えると思います。

初対面で、その子がどれくらい話してくれるのか。話してくれるにしても、どのくらい言葉での表現ができるのかについて情報が少ないときにも、ホワイトボードは便利です。

私も、自分の考えをまとめるときにホワイトボードを使うことがあります。ホワイトボードに書くことで、様々なタイプのシンキングツールや表の枠組みなど、いろいろなものをその場ですぐに応用できます。こんなに自由なものって、なかなかないですよね。鉛筆と紙も悪くありませんが、ホワイトボード独特の、あのくにゃっとした感触が好きだという方も多いのではないでしょうか。ちょっと特徴のある子との関わりを生み出すツールとして、ホワイトボードはとても役立つものなのです。

10 友達同士のおしゃべりに参加する「語り場・しゃべり場」

やっとの思いで学校にやってくる子どもたちにとって、一番のエネルギー回復になるものは何でしょうか。勉強でも、給食でもありませんよ。そのヒントは、子どもたちの日常の中にあるような気がしてなりません。

学校にやってきている子の元気

今や、学校に登校するということは、第一の選択肢というわけでもないのかもしれませんが、それでも「学校」というものに価値を感じて、やっとの思いで来ようとしている、学校にたどり着いてくれている子どもたちももちろんいます。

その子たちは、やっとの思いで学校に来ているわけですから、たどり着いた途端にすでにエネルギーを相当に使っています。教室では机に突っ伏していたり、ずっと黙って動かなかったり、そんな表れが目に飛び込んでくることもあります。私はいつも、そんな子たちがどうしたら心のエネルギーをチャージして、また元気を取り戻して話し始めるのかということに、いつも心を砕いています。

もちろん、毎日「学校は嫌だ」と言いながらも、休むことなく確実に登校してくる子どももいます。逆に、何も言わないし、学校では本当に元気に明るく過ごしているけれど、突然休んでしまうこともあり、登校自体が安定しない子もいます。

学校にやってくる理由について、子どもたち自身に聞いてみると、「勉強が気になるので」という子もいないわけではありませんが、多くは「学校でないと友達に会えないから」というものです。

私の学級ではゲーム好きの子どもたちが多く、学校に来ると、「昨日はどうだった？」「誰々とつながった？」「うまくいった」…というようなゲームの話を、ボソボソと始めます。教師としては、どうしてゲームの話ばかりと心の隅で思ってしまうわけなのですが、ところが話しているうちに、子どもたちの表情が生き生きしてきます。目も輝いてきます。会話はどんどん進みます。ひとしきり話し終わった後には、今までとは違う雰囲気が流れています。そう、**みんな「元気」になっている**のです。

授業も、どんよりとした雰囲気の中ではうまくいきません。しかし、子どもたちに元気さがあれば、授業でもちょっとした発言や会話をしてくれることがどんどん多くなります。私が聞く前から、あれこれと声を出してくれることが多くなります。子どもたちにとって、自分の好きなもの、好きなこととの話のやりとりは、とても大事なことなのです。

語り場・しゃべり場

最近は、様々な講習会においても、自由な話し合いの場が確保されています。講師の話をひとしきり聞いた後で、みんなでいろいろな意見を出し合います。みんなの意見を聞いたり、情報を交換したり、話をしたり…。これが素直に楽しいのです。

そこで私は、**「語り場」「しゃべり場」**という名前を借りて、学級経営にもこうした「自由なおしゃべりの場」を盛り込むようにしています。

朝の健康観察などが終わった後、**授業までの隙間時間**に、ちょっとしたおしゃべりの時間をつくります。「時間は○分」とタイマーで区切ります。短時間でも、話をしたい子にとっては充分で盛り上がりますし、一時間目の授業に食い込むことも少なくなります。

子どもたちは、土日にあったこと、ゲームの話や家族とのこと、友達とのことなど、自由に話していきます。自分が語りたいことはないという子も、毎週いろんな話を聞くにつれ、自分も話してみたくなり、次第に話の場は広がっていきます。

弾みがつけば、一日の中でもだんだんと子どもたちの活性度が上がっていきます。帰る頃までにはすっかりいつもの自分を取り戻し、話題も豊富になっていることでしょう。

「おしゃべりなんか休み時間にすればいいことではないか」と考えることもできるかもしれません。ですが、休み時間にはどうしても他の子と関われないタイプの子もいるのです。そこで、授業でもない、さりとて休み時間でもない、隙間の時間を見つけてあげて、そこにいろんな子たちが自ずと参加できるようにしておくのです。

内容は自由です。まずどんな話をし出すかは、私にとっても興味のあることです。子どもたちの「今」を聞かせてもらうということは、私たちにとっても本当に重要なことです。

中にはとても元気が出たり、勇気づけられたりすることを話してくれる子どももいます。私も聞いているうちに心が暖かくなったり、やる気が出たりします。こうして、子どもたちと先生とで、元気や勇気の出る会話のおすそ分けができたら最高だと思うのです。

11 気づきを生む「席の交換」

心理療法の一つに「エンプティチェア」(空の椅子)という方法があるくらい、私たちは知らないうちに、自分の席(居場所)と結びついています。それは相手も同じことです。ここでは、教室でできる、席を使って気づきを深めるちょっとした方法をご紹介します。

席とはとても大切な場所

子どもたちの一大関心事の一つは、クラスの席替えです。これはいつの時代も変わりませんね。私の学級経営では、最終的にはクラスのどこに座っても、隣が誰であっても、気負わず自然に過ごせるクラスを実現したいなと思っています。とはいえ、子どもたちの席

への こだわりが消えることはないようです。それだけ、**自分の席とはその子にとって特別な場所**ということになります。

座るとわかる、その席に座る人の思い

先生にも、模擬授業と称して、先生たちが子ども役となって教室の席に座り、先生役の発問に子どもになりきって反応したり答えたりするという方法がありますよね。なるほど、自分が役をする子どもの席に座ってみると、授業への新しい気づきが生まれるなど良いことがあるようです。

ただ、クラスの子どもたちのことを知っているだけに、「あれ、その子そんな反応するのかな?」と、仲間の先生の受け答えにもやもやすることもあります。それは、子どもたちと担任という同じ顔ぶれで、一年間を通して、毎日六時間程も一緒に過ごしているからこそわかることです。

それでも、クラスの子どもたちに対して、コミュニケーションの壁を感じるときはあります。気持ちをわかってあげたいけれど、なんだかうまく理解できない、ということが、皆さんにもあるのではないでしょうか。

そんなときは、**一息入れてその子の席のあたりに座ってみましょう。**前の席には○○くん、隣は○○さん。私の姿はこんな風に見えて、黒板はこんな感じ…という風に、その子の気持ちになって周りを見渡すのです。

すると、ちょっとした気づきのヒントがひらめくことがあります。わからないまでも、相手の側に少し寄り添う気持ちも生まれます。座ることで、意識していなかったことの一つ一つが結びついてくるのです。

席を変えてみて相手への気づきや配慮を育てる

例えば、本当は仲が良いのだろうけれど、些細なことでトラブルになっている二人の子がいるとき。そんなときは、二人の子を椅子に座らせてみます。椅子はできれば、その子たちがいつも使っているものを使います。

①まずは、自分の椅子に座った形で、それぞれの言い分を聞いてみます。
②次に、互いに相手の椅子に座り、相手の気持ちになって話をしてもらいます。

ここまですれば、子どもたちの気持ちも少しは落ち着いてきていると思います。もし提案に乗ってこないときは、「もう少し待っているよ」と時間を置いてみます。すると、ぽつりぽつりと相手の気持ちを思いやりつつ、話し出す子もいます。こうして、うまく相手の受け止めができれば、仲直りはそう難しくはありません。

また、二人が相手の側に立てるのかどうかで、自分が先生としてすべきことも見えてきます。

帰りの会で、「代わりに先生やってよ」と子どもに席を譲ってみたこともあります。教卓に座ると、ちょっと…もしくは…少々疲れているときの私のように話してくれる子もいるし、いつかは教職についてほしいと思うほど、見事な講話を披露する子もいます。

席に座ってみるということは、想像以上にとても奥行きの深いことです。コロナ禍の時代に行うには少し工夫が必要ですが、ぜひ生かしてみてはいかがでしょうか。

12 今の自分に気づいてもらえる「人生グラフ」

小学校四年生で習う折れ線グラフは、物事を可視化し、時には二つの物事を同時に比較もできる優れもの。これを自分の振り返りに生かすことで、いろいろな新しいものの見方が、子どもたちの中に生まれました。

小さな頃の記憶

私たち大人と違って、子どもたちの人生はまだ十年前後。もしかしたら、私たち大人よりもずっと、小さな頃の記憶が鮮明なのではないかと思うことがよくあります。もちろん、記憶というものには容量的な限界があり、そのために忘却することもとても大切な機能の一つと言われています。退職まで教職についていれば、担任した子の数だけでも千人を優に超えます。思い出せないわけですね。

私ぐらいの歳になると、今覚えている小さなときの記憶は、本当に自分の記憶なのか、親からエピソードとして「おまえは〇〇だった」とことあるごとに言われて植え付けられたことなのか、どうもはっきりしないのです。しかし、子どもたちに聞いてみると、六歳以下の記憶でも、「どこどこの幼稚園で〇〇がどうした」と実にはっきり答える子がいます。

学習と記憶はとても関係が深く、学習の成果を記憶に留める意味でも、授業の後の振り返りを記述させる取り組みがよくなされています。また、小学校や中学校では、学校内のいろんな行事の節目節目で、自分の今までの生き方を振り返る場が用意されています。自身の学級の振り返りの場だけでなく、二分の一成人式、六年生ありがとうの会や卒業時の振り返り文集などがそうです。

小・中学生は、体も心も考え方も大きく変化する時期です。だからこそ、その時々に自分がどんな気持ちだったのかを、記憶として振り返る場をもつことで、自分を客観視する視点も育ち、これからの人生に必要な集団生活にも対応しやすくなるのかもしれません。

グラフの特性を生かした振り返り

そうした振り返りの場で活用してみたいものに、グラフがあります。グラフの手始めは二年生。折れ線グラフは四年生で習います。その折れ線グラフを描きながら、今まで過ごしてきた期間や、これからの展望について聞いてみるのです。

人生山あり谷ありを日々実感するのが私たち大人ですが、子どもたちも子どもたちなりに、うまく過ごせた時期や黒歴史の時期があると話してくれる子もいます。季節や時間、学年ごとに、彼らなりの想いはあるのです。

ポイントは、はっきりした数値として示すわけではなく、**あくまでもその子の感じ方を山や谷として、時間の経過とともにつないでみる**ということです。

小学生なら、その学年の終わりや始めに少し時間を確保し、この一年のことを振り返る機会とするのも手です。六年生なら、過去の六年間で作成してみても良いでしょう。経験上、小学生の記憶は、その学年のイベントごとに強く思い出されます。わかりやすいように、時期とイベントをあらかじめ用紙に配置しておくと、その前後の時期のことにも考えが及ぶようになります。

実際に描いてもらうと、（学年の振り返りであれば）「今」が一番になる子も多いです。

また中には、小さい頃、特に保育園や幼稚園の時代が一番良かったという子も出てきます。例えば、幼稚園時代を一番にしたある子は、とても活発で、人のためにいろんなことをしてくれる子でしたが、学習は少し苦手でした。学習がメインとなる小学校は、ちょっと苦手さを感じるときもあるのだそうです。その子にとって、幼稚園は自分の力を存分に発揮できて、頑張りを園の先生にも随分と認めてもらった、とてもとても大事な時期だったんだということがわかります。

描いてくれたグラフの山や谷をその子と一緒に眺めつつ、本人に説明をしてもらったり、いろいろ聞いてみたりすることで、その子の今の感じ方と私たちが支援してあげたいことが見えてくるのではないでしょうか。また、**その後のグラフを上向きに描き足していくためにはどうしたら良いのか**を一緒に話すことも、新しい道を切り開くための大事なポイントになるかもしれません

グラフに限らず、身近な学習の中で得られるいろいろな教育上のツールの中で、子どもたちの振り返りや、これからの自分のあり方を考えるきっかけづくりに応用のできるものが、いろいろあると思います。ぜひ、自分の進めやすい方法を見つけてみてください。

13 その子の背景に語りかける「兄弟の話」

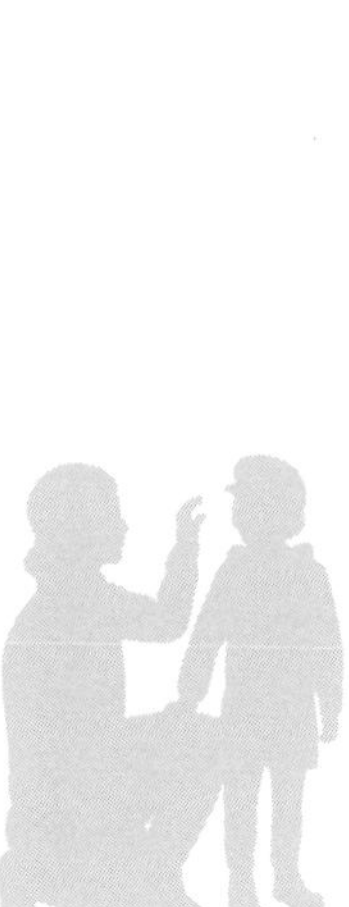

クラスの過半数の子どもたちには兄弟がいます。兄弟とは、一番近い存在でありながら、時に微妙な関係があるときもあります。

子どもが兄弟の話を始めたとき、私たちはどのような受け止めをしてあげたら良いのでしょうか？

さりげない配慮と世間話

大人の世界でも、さりげない配慮をできる方がいらっしゃいます。そうした方はきっと、世間話が好きなのではないかと、ふと考えます。話の中で、相手の背景についてそれなりに情報を得て、さりげなく「この人は家庭の事情で今日は大変なんだろうな」とか、「今日は息子さんの大切な日だから早く帰りたいだろうな」とか、その方が動きやすいように配慮を重ねている。コミュニケーションの達人とは、まさにそんな人たちなんじゃないんでしょうか。

我々教員が、こうした「達人」にあやかるために鍵になるのが、**子どもたちとの世間話**です。私にとって、子どもたちとの世間話は本当に楽しいものです。今の世の中に冷めた感情を抱いてしまうようなときでも、子どもたちのいろいろな話に触れ、新しい世代の考え方を聞かされると、昔の自分のいろんなことが思い出されて、ちょっぴり楽しくなります。

おもしろいことに、子どもたちは時に、まるで私たち大人のようなものの見方をすることがあります。その一つが、**兄弟の話**です。

例えば、「兄はなかなか大変なんだよ」と訴える子がいます。兄弟が誰も経験していない「学校」のことを、先頭を切って進めていくのですからね。「弟の世話が大変だよ」と言う子もいます。家の手伝いをしながら弟を見守っているその子の話は、まるでお母さんのように感じることがありました。

少しだけ注意を払って兄弟の話を聞く

その子が話す兄弟とは、上の兄のこともあるでしょうし、弟のこともあるでしょう。妹や姉のこともあるでしょう。ですが、その兄弟のことを肯定的にとらえているのか、否定的にとらえているのかは、話を聞いているとよくわかります。また、その子が兄弟の中でどのような立ち位置にいるのかも見えてきます。

兄弟の話とは、その子が自分の一緒に育ってきた兄弟たちとどういう関係性が保てているのかを考える上で、とても大事な情報になるのです。

その子が兄弟の話を始めたときが、話を聞く一つのチャンスです。私たちも一緒に兄弟のあり方を考えることで、その子が自分でいろいろと説明する場を提供するということにもなります。もしストレスがあるなら、我々先生に話すことでストレスを少しでも減らしておくのも良いことですし、ストレスはなくても関わる方法がわからないと悩んでいるなら、「こういう風にしたらどうかな」と提案やアドバイスをしてみてもいいと思います。まるで大人の世界の子育て談義のようで、微笑ましい気持ちにもなりますが、本人たちはいたって真面目です。

よく兄弟の話をしてくれる子には、私の方から次のように聞くこともあります。

「どうだい最近、兄弟の調子は？」

ちょっとした声かけなのですが、その声かけにものすごく反応してくるときは、やはり大変さを感じているのだなととらえます。もしかしたら、一生懸命弟や妹のことを見てくれる心優しい子なのかもしれないし、家族が忙しく、その子が子守りをせざるを得ない状況なのかもしれません。

ただし、その子があまり兄弟のことを語りたくない場合は、注意が必要です。配慮の必要な兄弟を抱えている場合もあり得ます。保護者の方は兄弟それぞれに愛情をもって接してくれていても、本人の受け止めとして、少し寂しい思いをしているという事例もありました。

その子のために学校の中でできることは、そうたくさんはないのかもしれませんが、せめて教室の中では大人のさりげない配慮で支えてあげたいものです。

14

子どもの今を語り出す
「日々のつぶやき集め」

子どもたちの日々のつぶやきには、本当に驚かされます。中には名言もあれば、魂からそのまま切り取ってきたかのようなリアルなものだってあります。すぐに忘れ去られてしまうかもしれないそんなつぶやきを、大切にしてあげましょう。

子どものつぶやきは宝物

「先生、心の声がダダ漏れです」と言われるほど、私もよくつぶやいてしまう方なのですが、目の前の子どもたちは、私のそれを上回るようなつぶやき名人ぞろいのようです。いつもクラスは、あちこちから聞こえるつぶやきで満ちています。

改めて考えてみると、このつぶやきにもいろいろあります。

・思わず口から出てしまうような、気持ちが動いたときに出るつぶやき
・これから自分がやろうとしていることを言葉に表してしまうつぶやき
・「まあいいじゃん」と自分に言い聞かせる、自分を納得させるようなつぶやき

さらに興味深いのは、子どもたちは自分がつぶやいていることに気がつかないことがあるということです。「何をしようかなあ。どれがいいかなあ?」と口から出ていても、それをいちいち覚えている子はまずいません。しかし、先生の立場から見れは、つぶやきは一番的確な、その子の心の動きそのものです。「きっとこの子は、選択をすることで、これから取り組もうという心構えを見せてくれている」という風にとらえることができるのです。

先生とは、子どもたちに教える立場であると同時に、一緒に過ごし、傍らに立ち、さりげなく見守り支える立場でもあります。つぶやきは、その子を支える様々な情報を私たちに伝えてくれます。

また、つぶやきをもとにその子に話しかけてみるのも良いでしょう。

「ねえねえ、さっき〇〇ってつぶやいてたけどさ、それって、どういうこと?」

という具合です。すると子どもは、意外なほどにスムーズに、自分の今考えていることなどを話してくれることがあります。子どもと関わる上では、この「つぶやき」を上手に活用したいところです。

すぐに消えてしまうのが、つぶやき

ただ困ったことに、つぶやきとはすぐに消えてしまうものです。なんといっても、言った本人が覚えていないのですから。その場で書き留めるなり、記録するなりしなければどんどん消えてなくなってしまいます。しかし、教室内では、いつもそれができる状況というわけではありません。

ここで、日頃のドライブで培った技術が役に立ちます。自動車を運転している最中に、すごくいい考えが浮かんだことはありませんか? 良い考えはなぜか、何かをしている最中、それもメモしたくても手を離せない状況で浮かんでくることが多いものです。そんなときは、**その言葉を頭の中で折に触れて繰り返し、書き留められるタイミングを探します。**仕事のタイミングがついたところで、机の上に置いてあるポストイットなりメモなりに記録していきます。書く内容は、端的な言葉でいいでしょう。

こうしてストックできた子どもたちのつぶやきやそれにまつわるエピソードは、折に触れて子どもたちに返してあげます。そうすることで、「先生は聞いてるんだ」「先生は私のことを見守ってくれているんだ」という嬉しい気持ちが、子どもたちにも起こります。

また、その子の新たな表れが見えたと思える瞬間に、

「前にこういうこと言ってたけど、変わったね。すごいや」

と伝えると、その子は、今の状況や自分の発言と比較して、自分のあり方が変化してきていること、成長してきていることを自覚できます。つぶやきとは、その子の成長の証のようなものです。**日々書き留めて、その子に返してあげることで、その子の成長はより促進されます。**言わば、ちょっとした心の栄養のようなものだと考えています。

15 話のきっかけを生む「構成的グループエンカウンター」

「構成的グループエンカウンター」とは、教室という枠組みの中での、ちょっと知的な井戸端会議のようなものです。子どもたちがいろいろな発言や行動を出し合って関係をつくっていく上で、とても役立つ方法です。

五年生の新学期の出来事

五年生担任として新学期を迎えたある学校で、ある日のグループ活動の後、Aさんが話しかけてきました。

「仲間外れにされちゃったかも。周りには誰もいないんだよ」

その子には発達の凸凹があると聞いており、行動も独特です。クラスの活動に参加できないこともしばしばでした。ただ以前は、同級生たちがさりげなくその子を支えていてくれていました。でも、この日は少し様子が違うようです。

すると今度は、Ｂさんが教卓の前で次のような言葉をこぼしていました。

「最近Ａさん生意気なんだよ。教えてあげるよと言っても全然聞いてないし」

忙しい五年生

五年生というのは、校内での責任が重くなり、授業の内容も格段に増え、学習の負担も増す忙しい学年です。また、子どもたちの心や体格の発達スピードにも個人差が目立つようになります。クラス全体がでこぼこしたような印象さえ感じます。

子どもたちがそれぞれに、自分のことで大きく揺さぶられる時期なので、考えや行動が独特なＡさんに配慮してあげる余裕はないのかもしれません。もちろん、気持ちや体の変化は、誰もが乗り越えていかなければならないものですし、多くの子は自分なりの対処を見つけて進級していきます。しかし、そのまま見守るだけで良いわけではありません。五年生前後の子どもの不安定な状況、いわゆる「十歳の壁」は、いじめの要因の一つにもなり得ます。そうならないためにも、クラス内で意図的な交流の場づくりを設けることが重要性を増します。

学校行事を利用した構成的グループエンカウンター

クラスの関係を維持・改善する上で有効とされるのが、**構成的グループエンカウンター**です。様々な取り組みがあり、クラス内で無理なくできるように工夫されています。ところが、近年の教育課程の過密もあり、構成的グループエンカウンターのみの時間捻出には難しさもあります。そこで、**各学校行事を構成的グループエンカウンターの視点でとらえ、効果を高めます。**学校行事の後に、子どもたちが様々な仲間の考えに触れ、頑張りや工夫の分かち合いができるようにするのです。例えば運動会であれば、次のような方法です。

①まず、運動会に臨むクラスとしての目的を共有します。そこにはできれば、構成的グループエンカウンターの要素である**「自己理解・他者理解・自己受容・感受性の促進・自**

己主張・信頼体験」 のいずれかが盛り込まれるようにします。
②運動会では、クラスのリーダーを中心に課題である種目に取り組み、それぞれがいろいろなことを感じ取っているはずです。そこで、例えば他己紹介で **「〇〇を頑張っていた〇〇さんです」と認め合いの体験や振り返りを行う** のです。また、「〇〇さんへ」という色紙に表現するような形で、運動会でのその子の良さを認め合う取り組みもできます。ただし、反省会ではないので、事前にマイナスの言葉は書かないという共通理解をしておくことがポイントです。
　自分に宛ててみんなが書いてくれた言葉へのドキドキ感。そして実際に見てみたときの高揚感。このときばかりは、教室から歓声が上がることもあります。そして、みんなが自然と話し出すのです。こうした積み重ねが、「聞ける関係」をつくることにつながります。
③その上で、実際に関わり合った気持ち、認めてもらえた気持ちを記述したり発表したりして、**お互いにその気持ちを分け合う** と良いでしょう。こうして、それぞれの学校行事ごとに丁寧な振り返りを行うことで、クラスを耕し、人間関係づくりを進めていくことができます。

16 その子だけの心の風景を知る「工作」

その子の心を言葉で説明してもらうときは、心と言葉の間にいろいろな段階があって、本当にその子の気持ちを言葉が反映しているのかと思うことも多いでしょう。でも、その子の心をそのままの形で表せるものがあります。

言葉は本当にその子の心の表れ?

その子の心を推し量るときに、言葉をそのまま受け止めると、なぜかその子の実際の行動と合わなかったり、振り回されたりした経験はありますか? 子どもの言葉が本当にその子の心を表しているのかどうか、ちょっとわからないときってありますよね。

大人にも当てはまることですが、特に子どもの場合は、生い立ちや言葉数の多さなど、その子の背景や発達の段階から考えても、今聞いている言葉そのものが本当にその子の心の内を表しているとは限りません。**言葉通りにストレートにとらえるのではなく、言葉を言っているその子そのものを大きくとらえて考えた方が、その子の言いたいことの核心に迫ることができます。**

例えば、子どもが「朝ご飯食べていない」と言うとき、本当に言いたいことは何でしょうか。幾通りかは考えられると思います。

- 朝、好きな食べ物がなかったので、自分で食べないと決めて学校に来た。
- 寝坊してしまったので、朝忙しくて食べている余裕がなかった。
- 朝、食べるご飯が用意されていなかった。

どのような事態なのかは、その言葉だけではわかりません。

そこで、その次の言葉を聞き出す技術も必要になります。また、同時進行で、私たちは自分の感覚をフル動員して、その子の見た目からわかる状況や、表情・動作からわかる空気感の分析もします。

つまり、**聞き手の想像なくして、その子の口から出てくる言葉の意味をとらえることは難しい**のです。しかし逆に、聞き手の想像が入りすぎると、これまたその子の本音に迫っているかどうか…というところでジレンマがあることも確かです。

そんなときにおすすめなのが、**「一緒に作る」「工作をする」という場面を設定する**ことです。なぜかというと、その子が作り出したり描き出したりするものの方が、言葉よりも直感的に、その子の内面を表していると考えられるからです。

工作に言葉はいりません。もしかすると心の中でも言葉を使わず、ただイメージ的なものを使って操作したり、描き足したり、作り上げたりするだけでよいのかもしれません。

私の教室にも、工作好きの子がいました。私は、その子が朝やってくるのに合わせて、様々な工作ができるように、箱やテープ、サインペンなど、いろいろなものを取り揃えて待つようにしていました。

すると驚いたことに、その子は、箱を積み上げつつ、喋るでもなく、鼻歌を歌いながらどんどんいろいろな状況を作り出していきます。まるでジオラマを作っているようです。行きたい場所、好きなところ、こんなのがいいなという自分の望み…などなど、心の風景を表す工作の数々は、どれもなかなかの出来栄えです。小さなスポットライトを使って、ダウンライトのようにその場面を照らす仕掛けさえ作っていました。

その子も普段はあまり自分のことを語らない子でしたが、「これは何？」と聞けば、何とか言葉で説明をしてくれるようになりました。逆に、「これなんだ？」と聞いてきて、誇らしげに説明を始めてくることもありました。工作を通して、双方向型のコミュニケーションができたのです。

このように、子どもたちの中には、普段の言葉数の少なさからは想像もできないようなスケールで、いろいろな物事に目をやり、自分なりのイメージをもっている子、それを上手に再現できる子もいます。そのような子が時々発してくれる言葉の背景には膨大な情報があり、その中で一番、「話をしなくてはいけないな」と思っていることを、こちらに伝えてきてくれる。そんなことを汲み取るためにも、「工作をする」ということが有効に働くことがあります。

17 話を引き出す「コミック会話」

今の子どもたちはとてもコミック好きです。コミックというものの表現に我々も慣れておかないと、子どもたちの会話にはついていけません。子どもと作るオリジナルのコミックは、いろいろなことを私たちに聞かせてくれますよ。

コミックというものの性格

普段からコミック（マンガ）というものには、本当にお世話になっています。分厚く、読み出すのに抵抗があるような本や、どうしても取っ付きにくく、本棚の飾りになってしまいそうな本の代わりに、コミックによる解説の本を使うことも多いです。

コミックには、あまり文章は多くはありませんが、**情景や背景、登場人物の表情など、少ない文章を補って余りあるほどの情報が、紙面の中に一緒に詰め込まれています。**頭の中で文を言葉に変換しなくても、そのまま視覚的な情報やイメージとして受け取ることができます。

「コミック」をもう少し広く考えて、マンガのみならず、絵や図ととらえてみましょう。すると、私たちも、またその効果を活用することができることに気づきます。

例えば、道を案内するとき。もし言葉だけで行き先を全部指し示すとしたら、本当に大変です。具体的に言ったつもりであっても、相手の受け取りが大きく異なる場合もあります。逆に、言われた通りに行ったはずなのに、全く目的地に着かず困ってしまった…といった経験がある方もいらっしゃるでしょう。しかし、それが「地図」という形で表されれば、みんなが共通して、ある程度正確な場所をとらえることができます。

話が出ない子との「コミック会話」

このように、**その子に思っていることを「コミック」の形で表してもらい、そこから一緒に考えるという方法**は、とても有効です。具体的には、次のような流れです。

①「何か話をしたいんだろうな」と思っても、なかなか言葉が出てこない子の目の前に、ちょっとした紙（四コママンガの枠組みのようなもの）を用意します。そこで共通言語として用いるのは、棒人間や自分のキャラクターなどです。

②まずは、先生側が鉛筆をとり、試しにイラストや棒人間を描いてみます。「これ知ってる?」などと問いかけながら、四角の中で、その棒人間を自由に動かして見せます。

③するとその子も、「やってみたい」と鉛筆を手にとり、何かを描き始めます。棒人間の良さは、シンプルに素早く情景を表すことができること、動きも表しやすいことです。一方で、気持ちや感情を棒人間のみを使って表すのには、ちょっと工夫が必要です。

④それをチャンスととらえて、「これ、どうなってるの?」「どんな気持ちだったの?」などと、その子に問いかけてみます。すると、「このとき、こんなことが起こったんだよ」と、思わず話をしてくれることもあります。

今や、子どもたちの好きなゲームの世界は、イメージキャラクターが画面狭しと活躍しています。子どもたちは本当に様々に、アイコンやイメージの表現といった、独自の世界をもっています。だからこそ私たちは、それを活用してその子の内側で思っていることを表してもらうという方法をとります。子どもたちにとっては、自分の内面のイメージを言葉以外のもので表す方が、むしろ得意なこともあるのです。

また、はじめは、棒人間を通してその子の心のイメージを上手に表現してくれますが、次第に棒人間が本人と置き換わり、その子の口を通じて語り出すという場面がとても多く表れてきます。時には、次の場面を描いては説明し、描いては説明し…と自分の考えをどんどん言ってくれるような状況になることもあります。

さらに、**今まで話したことを、目の前にあるコミックという形で振り返る**ことも十分可能です。「じゃあ、これからはどうしたらいいの?」「これから、君は何をもっと話したいの?」「何か話し足りないことがあるの?」というように、今までやってきたことを最後に振り返ることがとても容易になります。

このように、そのとき思った感情やイメージをその場その場で書き記すだけでなく、経緯も眺めつつ、タイムマシーンのようにちょっと前に戻って振り返る、ということが簡単にできる点も、「コミック会話」の便利なところです。ぜひ活用してみてください。

18 思わず言葉が出てくる「軽運動」

運動とは、その子の心のままの動き、つまり心そのものなのではないかと思うことがあります。なかなか話してくれない子も、運動においては饒舌なこともあります。

軽運動の魅力

運動といってもいろいろあります。ここでご紹介するのは、何も広い運動場が必要なものではなく、ちょっとした部屋の片隅でするような軽運動のことです。例えば、柔らかいボールをバウンドさせて取ってもらう、風船を打ち合う、などです。

なかなか言葉を発しない子でも、こうした運動の中では、思わず様々な動きが引き出されます。はじめは無言でやりとりするところから、だんだん「あっ！」とか、「ビックリ！」とか、「うわっ」といった感嘆の言葉が出始め、そうした声に伴って、次第に会話らしい言葉も出るようになってくることがあります。

特に、鞠のように柔らかく弾むボールの打ち合いがおすすめです。

ある子の例です。最初はなかなか打ち合いが続きません。徐々に、こちらでバウンドをコントロールしてその子のそばにボールを運び、その子がパコンと軽く打ち返せば、私の手元にボールが返るように調整しました。するとどうでしょう？　その子の表情が緩んで、笑顔が見えてきました。さらに粘って続けていくと、思わずその子から「先生、もっとやろうよ」という言葉が漏れてきました。そのように自分から意欲を示して続けようという言葉は、それまでその子から聞いたことがありませんでした。

それからは、時間を見つけては、その子とボールの打ち合いです。だんだん打ち合いが上手になってくるとともに、投げかける言葉も増えてきました。

「あ！　うまくいった！」

「もっとやろうね」
「またやろうね」
「次はどうするの？」

だんだんその子の意欲ある心が見えてくるさまは、私にとってもとても嬉しいものでした。

ボールの投げ合い、蹴り合い

ボールを投げ合うときには、相手に「今から投げるよ」と確認の合図を入れたり、取ったら相手が構えているのを見たり、自然と相手を意識することになります。「言葉のキャッチボール」という表現もあるように、そこには何らかの意識の塊、気持ちの塊をお互いに交換し合うような側面もあるのでしょう。

私は、親子のキャッチボールにとても思い入れがあります。苦しいときも悲しいときも、そして嬉しいときも、いろいろなことを一緒に背負い、親子でボールを投げ合ったその場所やその時間は、やはり覚えているのです。

別に、野球のボールやソフトボールに限りません。ドッジボールでも、ハンドボールでも、ボールは何でもいいのです。

ちょっとした**オリジナルのアスレチック運動**もおすすめです。マットや大きなスポンジブロックを使って、アスレチックを作ってはやり、また作ってはやりを繰り返していくと、いつの間にか言葉が増えていきます。

また、元気な子なら**ボールの蹴り合い**もおすすめです。対面でのボールのやりとりという点では基本的にキャッチボールと同じですが、もっともっと動きは激しくなります。走って蹴って、走って蹴り返して…そうした動きができる頃には、言葉も随分出てきているはずです。そこからは、ボールを蹴る前に何か一言言う、というルールをつけてみるのもおもしろいでしょう。学校でのこぼれ話や、今一番大切に思っていることなど、ちょっとしたお題つきのフリーキックをやって、「ナイス！」「よかったよ」などと言葉を返してあげられたら最高だと思います。

やはり、心と体はつながっているのです。体が動きやすくなっているときこそ、心も動きやすくなり、言葉もどんどん出てくるものです。少し言葉に行き詰まっているな、気持ちを聴きたいな、と思ったときには、このようにちょっとした運動から入ってみるのも一つの手です。

19 他者の言葉を借りて考える「ロールプレイ」

ロールプレイと聞くと、ちょっと難しいものではないかと思われるかもしれません。しかし実は、上手や下手というのはあまり重要ではありません。まずは、やってみることがとても大事です。そこからすべての学びが始まるのです。

ロールプレイについて

「ロールプレイ」という言葉を聞いたことがある方は多いと思います。役割演技とも言いますよね。私は、道徳の授業や学級活動などでこのロールプレイを使ってきました。

ロールプレイは本来、とても奥行きが深いものなのですが、私はあまり深く追求することはしません。とりあえず、子どもが、たとえあらかじめ決められていた言葉であっても、**自分から言葉を出してみて、他の子と言葉のやりとりをしてみる経験を積む**というところに意義を感じています。

私の場合は、ちょっとした役割を演じてもらい、そのときに自分がどう感じたのかということを後で振り返るようにすることが多いです。

普段言葉があまり出ていない子に、何の準備もなく言葉を言い出してもらうのはとてもハードルの高いことです。しかし、「シナリオ本のここに書いてあるセリフを読んで」ということであれば、意外なほどに読んでくれる子どもたちもいるのです。

もし、その子の気持ちの表れを少し聞きたいなと思ったら、シナリオの中に一部ブランクを作ったものを渡して、「そこはちょっとアドリブで頼むよ」と伝え、その子の言葉が自然とつなげられるように配慮するという方法もあります。

ロールプレイにおいては、**役割を演ずるその姿が上手であるか、上手ではないかはあまり問題ではありません。**ただただ読み合うような音読劇のようなものであっても、実はその読み合わせているそれぞれのメンバーの心の中では、いろいろな葛藤や思いが生まれてきていることがあるのです。

言葉を出してみてこそ得られる気持ち

ある授業で私は、エコロールプレイというものを行ったことがあります。今ある自然や環境について、市役所の担当者、市民、企業、生き物など、いろいろな立場に分かれて、議論を交わすというものです。最初は賑やかな中学生たちなので、どんどん役割を演じていきます。アドリブも入ります。ですが、だんだん時間が経つに従って、言葉数が減っていきます。もう何も言えない、言うことが思いつかないという事態になってしまい、最後は少し尻切れトンボな形で終わってしまいました。授業としてロールプレイを進めた立場の私としては、ちょっと困ったなという感じがしました。

ロールプレイ後の振り返りの時間になっても、普段は賑やかなのにあまり発言がなく、私はその雰囲気に押しつぶされそうでした。

ですが、振り返り用紙に記入する段になって、気がついたことがありました。みんなの筆が止まらないのです。自分が劇の中で話をしながら感じていたことを、どんどんどんどん書いていくのです。いつもはあまり集中できないメンバーも、このときばかりは違います。必死の形相で、様々な思いを綴っていきます。それだけ、このロールプレイで自分が演じたことについて思い入れがあったのです。

実は私も、それ以前までは、ロールプレイで劇そのものの出来栄えについてもついつい言及することがありました。しかし、その中学生たちの様子を見て考えを改めました。**体験することにこそ意義がある。言葉を出して実際に話してこそ得られる気持ちがあるんだ**ということがわかったのです。

これは、歌や合唱に通じる部分もあるのではないかと思います。

振り返りは、小学生の場合なら、例えばイラストや絵文字でもいいわけです。他の方法と組み合わせて、その子の大切な言葉を使った体験から何を得たのかを書き留め、その子自身がもう一度振り返ることができるような方法を組み立てていきます。

ふと思いついたこと、ふと感じ取ったことこそが、その子の「今」の気持ちを汲み上げているということもあるのではないかと思います。そのことに意識を向けて考えていくと、子どもの今の置かれている状況や一番望んでいることが何なのかが、だんだんとはっきりと、ロールプレイのセリフに乗せて聞こえてくる気がするのです。

20 操作の過程で言葉がこぼれる「ブロック工作・箱庭」

何か作業をしながら、ぐんぐん良い考えが、とめどなくあふれてくるような体験をしたことはありませんか？　この「操作」による刺激は、子どもたちもきっと同じなのではないでしょうか。何かをしながら話をする体験を、いろいろなことに活用していきましょう。

ひらめきは言葉を生む

例えば、片付けをしたり車を運転したりするときに、良いアイデアがひらめくことはありませんか？　いろいろな発想が自然とつながって、突然新しいアイデアがひらめくという経験です。

そうしたときには、思わずその考えを口ずさんでしまいます。またきっと、誰かに話したくなりますよね。

それは、大人も子どもも同じです。何か新しいことに取り組むときの教室や、今まで行ったことのない場所に出かけたときの子どもたちの周りは、つぶやきや歓声に満ちています。**新しいこと、新しい方法を見つけられる直接的な体験の場**があれば、子どもたちはいろんなことをつぶやいてくれます。

子どもたちの好きな作業

子どもたちは一般的に、**ブロックのように積み上げるもの、積み木のように交互に重ねるもの、ドミノのようにどんどん並べてつなげていくもの、しかも最後に楽しいおまけがついてくるもの**などが大好きです。

ミニチュアの人形やフィギュアを自分の考えに合わせてジオラマのように配置していくことが大好きな子もいます。それを注意して見守っていると、いろいろな言葉がそこから漏れてくるのがわかります。「仲間に入れて」と一言断って一緒に眺めてみると、その子の気持ちが流れるように、自分に入り込んでくることがあるのです。また、話に加わっていくと、子どもたちは本当に嬉しそうに、「これはどんなときのことで、次にどうなるか」…といったことを、一生懸命話してくれることがあります。

箱庭パッケージの活用

そんなときにあると便利なのが、箱庭です。**箱庭**とは日本古来の文化の一つですが、心理技法として使われることもあります。そこまで専門的なものでなくてもよいので、ちょっとしたバスケットや箱の中に、子どもが使いやすいサイズのミニチュアの木や動物、人物などが入っているものを用意しておくと活用がしやすいです。

箱庭は、それを作る時期によって内容が変わっていきます。毎回同じものを作る子はいません。子どもの、その時々の心象風景を映し出していると考えても良いかもしれません。ですから、一緒に作ったものの意味を、会話をしながら聞いていくことで、いろいろなものが見えてきます。また、逆にそこにある品々が発想の糸口となって、新たな気持ちを導き出すこともあります。

操作しながら話をすることの良さ

子どもに対して「きっと何か悩みがあるのかな」「何か引っかかりがあるのかな」と感じたときに、面と向かって、きっちり目を合わせて話をするのはあまり得策ではありません。というのも、悩みも心の中の引っ掛かりも、もしかすると本人も気づいていないような、ほんの些細なことという場合もあるからです。些細なことであっても、それがずっと尾を引いたり、何らかの影響を及ぼしたりしていることもあります。些細な、繊細なことですから、その子がリラックスした状態でなければなかなか口には出せませんし、こちらからもなかなか見えてこないのです。

そんなとき、**何かの「操作」があれば、自然とその子の緊張を和らげたり、リラックスした雰囲気を演出したりすることができます。**ブロックでも、ミニチュアでも、積み上げる系のものでも、ドミノでもいいでしょう。

何気なく操作していく中で、だんだんとその子からは言葉が出てきます。その言葉を先生がつなぎ合わせていくと、次第にその子の考えがまとまりはじめます。そんな瞬間をきっと目にすることができると思いますよ。

21 子どもの達成感を言葉に変える「ビー玉集め」

丸くてキラキラ輝くビー玉を見ると、親しみやすさとともに、何となく大切にしたくなる宝物のような感じを受けます。

ビー玉を使って善意の気持ちを集め、蓄えていくことは、クラスの子どもたちに大切なものを教えてくれます。

目に見えないものを目に見えるものに

毎日、帰りの会でその日の良いところ探しをする実践をされている方もいらっしゃるのではないでしょうか。毎日のクラスの中で起こる様々な出来事や、そのクラスのメンバーの行いについて、「良いこと」という視点で、探したり認めたり励ましたりする活動です。

私のクラスでも、そのような実践をしています。帰りの会で、今日の当番の子どもが、「今日、良いことを見つけた人は手を挙げてください」と発言します。すると、何人かが手を挙げて、

「〇〇さんが〇〇してくれました」
「〇〇を手伝ってくれてありがとう」

といろいろな発言をしてくれます。本人も気づかないような相手の好意や、ほんのちょっとした親切な活動、なすべきことをきちんと成し遂げていること、さすがだなということなどなど、クラスの耕し方次第でいろいろなことがそこに表れてきます。あまり発言のない子が、どうしてもその嬉しい思いをみんなに話したくて、発言することもありました。

さらに、一般的な実践と異なるのは、**内容についてちょっとした審査も設けている**ことです。時に、発表された出来事が、「本当に良いことなんだろうか」と意見が分かれることもあります。こうした取り組みが、目に見えづらいものの価値について考える、良いチャンスとなっています。

ビー玉の魅力で見えないものを見える化する

ここでおすすめしたいのが、**「ビー玉」の活用**です。キラキラ光るきれいなビー玉は、「良いこと」の具現化にピッタリなアイテムです。

発表された「良いこと」に対して、みんながそれを認め、「やっぱりいいことだよね」と判断が出たときには、ビー玉が追加されます。その日の当番次第で、一度に数個のビー玉を追加することもあります。

ビー玉をたくさん貯めていくという作業を通して、**目に見える形でみんなの思いを積み重ねていく**ことができます

また、ビー玉を集めるということは、**そのクラス独自の思い出を集める**という作業にもつながります。集めたビー玉を前にすると、子どもたちなりに思い出されることがあるようです。ビー玉をもとにしながら、少し前のことに遡って話を聴かせてくれることもあります。

「この前、ビー玉を何個か入れていたよね。それってどういう話だったっけ?」

こうした振り返りによって、その子の行動のあり方を認めることができるのです。

このビー玉集めは、職場の大先輩に教わったものです。先輩曰く、ビー玉を集める過程でみんなの気持ちが徐々に一つになり、入れ物がビー玉でいっぱいになったときにまた楽しいイベントが企画できるという取り決めをしておくと、もっともっと楽しくなるよということでした。

実際に、その先生のクラスでは、みんなが先生の前に集まり、いろいろな話を聞かせてくれていました。ビー玉を集めながらクラスの中でのいろいろなつながりを深め、先生ともためらいなく話せるような学級経営をされていました。

私は今も、昔担任した学級で集めたビー玉を、手元に置いて持っています。そのビー玉を眺めると、その当時の、一人一人がいろんなことを認め合った、そのクラスの状況が浮かんでくるのです。ビー玉は、子どもたちだけにではなく、私たち先生にも、ちょっと素敵なプレゼントを残してくれます。

22 話せない子どもの心を補う「付箋紙」

日常よく目にする付箋紙は、もはや私たちの生活にはなくてはならないものです。その特性を理解することで、子どもたちの様々な心情にアクセスし、まだ聞いたこともない言葉を引き出せる可能性だってあるのです。

付箋紙は日常の教材

もはや付箋紙は、授業や学級での活動などの学びの場では、なくてはならないものです。書き留めたり、貼り付けたり、移動させたりといった動作そのものに、アイデアやひらめきを生む創造性があります。

私自身も付箋紙のヘビーユーザーで、年間で何十箱分も使用しています。自分の思いついたことをどんどん付箋紙に書き出して書き溜めていきます。一気に何枚も立て続けに使うこともあります。思いつきというものは本当に移ろいやすく、すぐに忘れてしまいますし、後で思い出すことも大変です。さっと思いついてさっと書き留める。この動作が、後々役立つことが実に多いのです。

一人一台の情報端末が使える現在の学校の環境では、それぞれの端末内に付箋紙アプリも用意されており、子どもたちにとっても付箋紙という形式は身近な存在になりました。子どもたちは日々、モニター画面上の付箋紙に自分の考えや感想などを打ち込み、発表代わりにしたり、みんなの考えを比較・集約したりしながら学習を進めています。

紙の付箋の機能

ここでもう少し、気持ちや考えを留める上で、紙の付箋紙という形と機能がもつ特別な意味を深堀りしてみましょう。

①机やノートの上に置くだけで、区切られた枠ができる

枠というのは不思議なもので、その枠の中に何かを書きたい、埋めたいという気持ちが生まれます。机が大きいほどそこに置かれた枠が小さく見えて、「なんだ、これならすぐに文字で埋められそうだ」と思えます。

②様々な色が用意されている

試しに、パステルカラーと蛍光カラーの付箋紙それぞれに、同じ言葉を書いてみてください。いかがですか？　例えば、蛍光オレンジの紙面から受け取れる意味合いが、ちょっと変わるように思えませんか？　紙面にきっちり書かれた言葉には、強いメッセージがあるように感じます。逆に、パステルカラーの紙面では、印象がそれほど強くない、優しい感じになります。付箋紙はもともと黄色が多く、備忘録、つまり注意が払われるように使われてきた歴史があるのではないかと想像していますが、現在では様々なカラーを使うことができるようになり、そのカラーに応じたメッセージを言葉に添えて、相手に伝えることができるようになりました。

③とりあえず記録して、時間差で後処理ができる

子どもたちと接していると、話したそうだし、聞いてあげたいけれど、聞き留めてあげるだけの時間が取れそうにないときがあります。後でならそれを聞いてあげられそう、というときは、おおよその内容を確認しつつ、さっと付箋紙を渡して、そこに今思いついていること、聞きたいことを書き留めてもらいます。

この方法なら、場合によっては、一度に何人かの子どもたちの話を聞くこともできます。また、子どもたちにとっても、「先生は決してこちらが話しかけようとしている姿勢を無下にしているわけではない。忙しいけど、一生懸命受け止めようとしてくれる」というメッセージを感じることができます。

また、子ども自身、時間が経つにつれて話のエッセンスを忘れてしまいがちです。しかし、端的でもいいから書き留めて先生に渡しておくことで、時間が経ってもその話を始めることが容易くなります。そこにも、紙の付箋紙のメリットがあります。

渡し方にも工夫を

「今の気持ちをちょっと書いてみてよ」と言って付箋紙を渡すとき、色違い、大きさ違いの付箋紙を用意しておいて、**「今の君ならどの付箋紙を使いたい？」**と聞いてみる手もあります。相手の様子をうかがいつつ、「私ならこの色かな」と付箋紙を選んで渡すのも良いかもしれません。いずれにしても、渡し方一つで、その子の新たな気持ちのあり方や言葉を、付箋紙は引き出すことができるのです。

23 言葉ではない言葉を生み出す「気持ちの数値化」

その子の気持ちは、やっぱり私たちにはわかりにくいものだと思います。どうやってわかってあげたらよいのでしょう。

そこで一番確実な状況理解の方法として数字で表すということを子どもと一緒に試みていきます。

五段階で気持ちを数値化する

こちらにとっては何でもないことであっても、その子にとってはとても重要で、深刻なことというのは、日常的にあります。反対に、その子にとっては何でもないけれど、先生の受け止めはとても深刻である場合だってあります。

このように、**同じ出来事であっても、人によって受け止めの状況が大きく違う**ことがあります。心の状況によって、受け止めが左右されることも多いでしょう。それが人々の個性というものです。

では、このような感じ方・受け止め方の差を理解し、それをお互いにとって共通の認識にするためには、一体どのような方法があるでしょうか？　ここでご提案するのは、ちょっとした**「心の単位」を決めておき、今の気持ちを数値で表す**という方法です。ゲームが好きな子なら、「ＬＰ（ライフポイント）で表してみてよ」という風に伝えると、理解しやすいかもしれません。

私の場合、おおよそ五段階のレベルで表してもらうようにしています。例えば、１から５の数字に、それぞれ次のように気持ちを想定します。

レベル１：かなり深刻。できれば休憩をとりたい。
レベル３：普通に過ごしていられる。
レベル５：気持ちも晴れ晴れ、何でもできると思える。

「今の気持ちのレベルはいくつ?」
「たぶん今はねえ、1かなあ」

という風に答えてくれます。「それはなんで?」とこちらから聞くこともできます。すると、「朝寝坊しちゃって来るのが遅れたから」「友達と喧嘩してしまって、今はもやもやしているから」などと答えてくれるでしょう。

逆に、小学生であれば、運動の後や、とても楽しみな活動が事後に控えているときなどは気分が高揚して落ち着かず、着席できないときもあります。そんなときに「今のレベルはいくつ?」と尋ねると、「レベル5.1」のように最高レベル以上の答え方をしてくることもありました。楽しくて楽しくてしょうがないということなのだそうです。まずは楽しいことの数値化から少しずつ慣れていき、徐々に、いざというとき、深刻なときにも有効に活用できるようにしておくのが良いでしょう。

自分を客観視し、コントロールする経験

おもしろいのは、それぞれのレベルの尺度がある程度共通理解されているので、**数値そ**

のものを目標にもできるという点です。

「じゃあ、レベルを戻す方法はあるかい？　勉強するなら、レベル4ぐらいがいいんだけど」

と言うと、少し考えて、

「少し散歩してきます」
「水を飲んできます」

などと、子どもならではの答えが出てきます。もちろん、そう簡単に目的に合わせた行動がとれるわけではありませんが、自分の状況を客観視して操作するような動作につなげることができます。子どもたちは、いつかは私たちを離れて、社会の中で自分というものを客観視し、自分のあり方をコントロールしながら生きていくことになります。そこにも、この心の数値化の経験が役立ってくれるのではないかと考えています。

24 次の話が生まれる「マンダラート」

教育ツール・思考ツールというものが教科書にも載る時代になりました。その良さを経験している方々もいらっしゃると思います。枠組みがあるということは、その子の発想や心の内が示しやすいということ。上手に使いたいものです。

マンダラートの活用

最近は、様々なビジネスシーンで使われてきた発想や整理のための図式が、思考ツールという形で教科書にも紹介されています。ベン図やウェビングマップなどは有名です。中でも私がよく使うのが、**「マンダラート」**です。

「マンダラート」は、今泉浩晃氏が考案した発想法で、五目並べのように四角いマスを九個に区切り、中央のマスに書かれた課題について発想したアイデアを、周囲のマスに書いていくものです。反対に、周囲のマスの複数の言葉から、中央のマスの一言を導く、という風にも使えます。最初の九マスが埋まったら、それをさらに周囲に発展させて描いていくことで、まさに曼荼羅のように、発想がどんどん広がっていきます。曼荼羅が、思わず全部埋めたくなるような、不思議な衝動を生み出すのです。

くつばこ前（帰るとき）	学校園の林の中	図書室のベンチ
自分の席	**ほっとする場所（学校で）**	ビオトープの池の周り
水そうの前	運動場の砂場	保健室のベッド

マンダラートの例

例えば、ある課題について様々な考えを生み出してほしいと思っても、なかなか考えを出せない子がいます。しかし、マンダラートの真ん中のマスに今回のお題を書き、それを見て思いついたことで周りのマスをみんな埋めてみてよ、と言うと、さっきの態度が嘘のように、あっという間に自分の言葉でマスを埋めていく子が出てきます。

思考ツールは、問いかけだけではなかなか子どもたちから引き出すことができないものを、いろいろな形の刺激、枠組みの刺激によって引き出すことのできるツールです。本当は話したいけれど、話し出すための方法が見つからない、心のエネルギーがない子どもたちや、いろんな考えやイメージをもっているけれど、それをなかなか表現しづらい子どもたちにとって、思考ツールは便利です。

本書では「聞く」ということに主眼を置いていますが、このように、**自分なりの発想や、「自分ならこう考える」という主張をもてるようになることを支援する**ということもまた、「聞けるようになる」方法の一つのあり方です。

ウェビングマップ・マインドマップの活用

マンダラートに機能が似ているものとして、ウェビングマップやマインドマップのようなものを活用することもできます。

例えば、子どもに聞いてみたいことや、考えてほしい課題を真ん中に描き、それを円で囲みます。そこから、その子が思いつく言葉を棒と丸でつないでいきます。この方法であれば、マンダラートと違い、その子の状況や思いの強さに合わせて、書く項目をほぼ無限に拡大していくことができます。色紙のように相互に書き足してもらうこともできます。ただしあくまでも、数を友達と比べたり比較したりするわけではないと最初に断った上で行います。

ウェビングマップの例

子どもたちは「おだんごマップ」と呼びます。クラス全員で同時に、一つのマップに記入して作ります。全員の子が全員に一言メッセージを交換できます。

25 言葉のキャッチボールが生まれる「アナログゲーム」

今はネット上のゲームが主流ですが、家族や友達と楽しく遊んだアナログのゲームの思い出というものは、何十年経ってもその情景や言葉が浮かぶほどの印象を、私たちに残してくれます。子どもたちの新たな言葉も、そこから生まれることがあるのです。

中学校での出来事

かつて、まだ話を聞くのが苦手だった頃、ある中学校の生徒と話をすることになりました。私は苦肉の策として、当時流行っていた「ジェンガ」というゲームを持ち込みました。もし話が行き詰まったとしても、ゲームをやればいいじゃん…という邪な考えからでした。

ですが、いざ始めてみると、なぜか話は行き詰まらないし、途切れません。過度に盛り上がるわけでもありませんが、ハラハラ・ドキドキを共有することもでき、笑顔が時々漏れてきます。私も落ち着いて、相手の話を聞いたり、受け止めたりすることができました。何よりも、その子がほっとしているように感じ取れました。

ゲームをしながら話をするということ

このように、相手と交互に取り組み共同作業をするアナログなゲームは、実は話を聞くというシチュエーションとの親和性が高いのです。それは、ゲームを行う操作そのものが、会話に伴うジェスチャーの役目も果たしているからではないかと考えています。また、たとえ無言でも、操作を交互に続けていくことで会話に似たやりとりが続いていきます。このことが、子どもたちには安心感を、私たちには落ち着きをもたらすのです。

このように、ちょっとした話の糸口として活用できるゲームは、他にもいろいろあります。何を目的とするかによって、様々な種類の中から選び出しましょう。

①あみだくじ・迷路づくり・双六

「えっ？　あみだくじや迷路づくりがアナログゲームですか？」と思われる方もいるか

もしれませんが、ゲームのルールを理解するのが難しい小さな子どもたちにとって、この二つには大きな魅力があります。一緒につくり、やってみたりやらせてもらったりすることで、ゲーム化することができます。しかも作風には、その子のオリジナリティがよく発揮されます。「ここの宝物は何?」「なんでこんな形をしているの?」などと問いかけると、よくぞ聞いてくれましたとばかりに、延々と説明を聞かせてくれる子がいます。**あちこちにその子ならではの「聞ける場」が用意されています。**

逆に、「聞ける場」をこちらの意図で設けておけるのが、双六です。ポイントごとに「好きなもの」「ほっとするとき」など、聞きたい項目を設けておくのです。聞いてもなかなか教えてくれないのに、ゲームの中ではなぜかすんなり答えてしまうのが不思議です。

②三目並べ・五目並べ・オセロ・将棋

三目並べや五目並べは、紙や碁盤の上に三つないし五つ、○×印や碁石を先に並べた方が勝ちというゲームです。対面し、一手ずつ交互に行うのでジェスチャーとして機能しますし、三目並べなら短時間で話を聞きつつ、ほっこりした関係をつくることができます。紙と鉛筆さえあればでき、状況に応じていろいろな方法がとれるのも優れたところです。

相手が元気のよい子だったり、もう少し勝ち負けなどの刺激がほしかったりするときは、オセロや将棋の出番です。どちらも奥行きの深いゲームですが、用具があってルールさえわかれば取り組みやすいのも特徴です。私は、仕組みが簡単で一手で勝敗の大逆転が起こり、その子の予期せぬ表情や言葉を引き出すことのできるオセロの方が好みです。

③トランプなどのカードゲーム

もっと元気づけてあげたい子や、ゲームはすぐに飽きてしまう子の場合は、カード型のゲームがおすすめです。ジェスチャーが多く、集中力を保ちやすい良さがあります。トランプの「スピード」のように、ちょっとした運動と言えるぐらい激しいものもあります。ただ、勝敗にこだわるあまり、話を聞くには適さないこともあるので注意が必要です。トランプ以外にも、目的に特化した様々なカードゲームが考案されていますので、その子の好みに合わせたカードゲームをチョイスできると良いでしょう。

④ジェンガ・黒ひげ危機一髪などスリルのあるゲーム

ハラハラ・ドキドキ感を一緒に味わいつつ、より楽しんで話せるのがこれらのゲームです。一手一手、少しの緊張と安堵を繰り返すので、自然と口元も緩んでいきます。一人だけでなく、何人かでも同じ思いを共有できるので、グループにあれこれと聞いてみたいときにもよいでしょう。子どもたちの関係性も見え、その中に入っていける良さがあります。

26 会話にうるおいをもたらす「好きなもの・ことの話」

好きなものや好きなことを語るときには、誰もが本当に饒舌になります。その生き生きした表情を見ていると、こちらもなんだか嬉しくなってしまいます。そんな瞬間も、私たちが子どもの心の声を聞くことができるチャンスです。

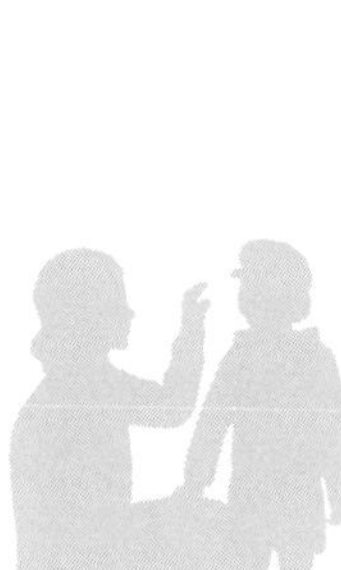

その子のこと、思い出せますか?

学級担任という仕事には、(特に小学校では)一人で三十人前後もの子どもたちと約一年間、ほぼ毎日顔を合わせて、六時間超も行動を共にするという特徴があります。

では、そんな学級担任をなさっている先生方に質問です。毎日指導記録をつけている方もいらっしゃるでしょう。また、学期末に子どもの表れを記述することもあるでしょう。そのとき、メモ無しでクラス全員の表れが浮かんできますか？　家族以上の時を一緒に過ごしているのに、思い出せない子はいませんか？

「そんな子はいない」と断言できる方は、意外と少ないのではないでしょうか。

だから、**「思い出せない子にもっと注目しよう」**と考えるのが一つの案。これは皆さんも日々、努力されていることだと思います。そして、**「思い出せない子が出てくるのは何でだろう？」**と考えるのが、もう一つの案です。これからお話しするのはこちらです。

思い出しのヒントとは

かつての私も、「思い出す」ことに苦戦していました。思い出せるのは、自分がよく関わった、もしくはよく関わってくれた子だけでした。そうではない子どもたちとの出来事を思い出して、記録をとるのにも一苦労していました。

しかし、家族をもち、歳を重ね、子どもの育ちというものに自分なりの考えをもつようになるにつれ、クラスのどの子にもそれぞれの意志があり、過ごしてきた世界があると強く思うようになりました。すると、**今まで素通りしていたその子の日記や絵、わずかなし**

ぐさや表現などが、その子のあり方を物語っているように思えてきました。会話のない子、目立った動きが見えない子であってもです。

「好きなこと」からアプローチしよう

そこでまずは、「この子の好きなもの（こと）は何かな？」という視点で、その子の日記や絵、しぐさ、表現などをよく見て、探してみましょう。

例えば、紙やビニールの袋を丸めたりたたんだりするときに限って、なぜかこちらを嬉しそうに振り向く子はいませんか？　そんな子がいたら、**「もしかしてこの音好きだったりする？」**と、こちらからどんどんアプローチをかけてみましょう。


「ねえ、この音で何を思い出すの？」

「ポテトチップスの袋を開けているとき」

「ポテトチップス好きなんだ。一番好きなのは何味？」

「うす塩味」

「へー、うす塩味おいしいよね。でもビーフ味も私は好きだな」

次にその子と会ったときの話題は、好きなお菓子の話からというのも良さそうです。話していているうちに、どこに買いに行くのか、誰と食べるのかといったことをいろいろ教えてくれるかもしれません。もしかすると音が好きなのではなく、袋の包装紙をくしゃくしゃするのが大好きなんだと答えるかもしれません。それだって、やはり袋のことからその子にいろいろアプローチをかけなければ見えてこなかったことです。もしかすると、その子がちょっと落ち込んでいるとき、そっと手渡す紙切れが、その子の笑顔の回復につながることだってあるのです。

こうして、当たっていたとしても、当たっていなかったとしても、**その子との「エピソード」が生まれます。**好きなもの・ことに限らず、どんな些細なことでも（例えば、「最近『先生』と呼んでくれる」など）エピソードとしてとらえられれば、それを記憶することはそれほど難しくはありません。そのときの状況や自分の気持ちなど、雑多なことも合わせて記憶し、それをもとに子どもに関わっていくことが、実はクラス経営のほころびを埋め、うるおいを増すために大切なことです。また、何気ない表れに意味や価値を見いだし、その子にフィードバックすることも、私たちの大切な役目です。

27 次の言葉を紡ぐ「文章完成法」

直接見たり聞いたりしてもわからないことは、その子の「書いたもの」に聞いてみるという方法もあります。文章完成法は、「書いたもの」が語り出すというものになると思うのです。

文章完成法とは

心理検査の一つに、「投影法」という方法論があります。何か刺激になるような事象を示して、それについて思い浮かぶことを表現してもらったり、それについて話してもらったりして、その人の心のあり方を考えていくというものです。

「文章完成法」とは、この投影法の一種で、文章の前半（刺激文）を示して、意味が通るように、文章の後半（反応文）を相手に書いてもらうという方法です。例えば、次のようなものです。

教室に入って一番最初に探すのは…

（完成文の例）
・友達です。いつもどこかで昨日のゲームの話をしています。
・消しゴムです。昨日どこかで失くしちゃったんです。

学級経営では、予想外なことがつきものです。しかし、「このあたりで予想外なことが起きそうだな」とか、「この子から予想を超えた考えが出てきそうだな」とかいったことは、ある程度予測できるようになっていきます。文章完成法は、子どもたちへの理解を深め、そうした予測を働かせるための助けにもなります。

アンケートで活用する

先生の大切な役目の一つは、学校で、どの子も安心・安全に過ごせるように見守ってあげることです。しかし、一日のすべてをその子と過ごしているわけではありません。そこで、さりげなく文章完成型のアンケートできいてみるようにします。

題：私だけの学校アンケート

・私がいつもしたくなるのは…
・私がよく会う人は…
・学校で私が驚くのは…
・困ったときに頼りになるのは…
・私のおすすめの場所は…
・もしも校長先生だったら…

「もしも校長先生だったら、学校を楽しくしたい」というのであれば、今の状況に不満があるのかもしれないし、何か心配事があるのかもしれません。それとなく見守るべきものが見えてくるかもしれないのです。

授業の導入で活用する

他にも、例えば保健の授業の導入として、自分の心のあり方に気がつくような刺激文を示し、授業に臨む準備をします。

内容：五年生　保健（心の健康／心と体のつながり）
・落ち着かないとき、私は…　・私が不安に思うのは…
・心臓がドキドキするときは…　・私のストレス解消法は…

このように、子どもたちの状況を、文章完成法を使って紙面できながら、より効果的な授業デザインを進めていくのです。
子どもたちが文章を完成させていく過程や、子どもたちが作り上げた文に触れておくことが、クラス内の様々な子どもたちの関わり合いについてのより深い理解へとつながります。

28 聞いているよと伝える「アイコンタクト」

子どもに会ったとき、私たちがまず見るのは、やはり「目」ではないかと思います。同時に、実は子どもたちの側も、私たち以上に目や視線というものに着目しています。話を引き出すために、視線は意識しておきたいポイントです。

目を見て話しなさい

「目を見て話しなさい」

発表のときに下を向いてしまう子がいると、ついついこのように言ってしまいます。しかし、これを文字の通りに受け取り、発表のときに一人一人の目を見て話をすればいいのかというと、そうとも限りません。視線の向け方は、なかなか難しいところがあります。

クラスの中で、私たちは何気なく子どもたちの視線を追って、教室全体の様子をつかもうとしています。しかし、相手と二人きりで話をするときに視線をずっと合わせているということは、少し後ろめたいような恥ずかしいような気持ちになります。

文献にあたってみると、どうやら我々日本人というものは、相手の目を見るコミュニケーションの方法はとらない文化があるとの報告があります。知らない人の目をじっと見続けるのは失礼にあたるというのです。逆に欧米では、目を見るのもそうですが、相手の顔全体や口元に注目してコミュニケーションをとっているということでした。

子どもたちにとっての「目」

さて、子どもたちはどうでしょう。

赤ちゃんがお母さんで一番好きなところは、「顔」だということがわかっています。赤ちゃんの視力ではぼんやりとしか見えないお母さんの顔ですが、生後数か月のうちに家族の顔の違いなどを認識できるようになります。これはあくまで私の推測ですが、私たち大人と比べ、赤ちゃんの頃からあまり時間が経っていない目の前の子どもたちは、やはり相手の顔をじっと見ているのではないかと思われるときがあります。もしかしたら、子どもたちの顔認識は、実は大人の私たちとは少し異なるのかもしれません。

では、どこを見ているのかと言うと、どうやらこちらの目元をじっと見ている気がします。そういえば、スマホで使う顔文字は、口元の表現は変わらないけども、目の表現の違いだけでいろいろな気持ちを伝えることができます。また、コロナの影響で、今やマスクを着用しての日常が主になりましたが、そんな状態でも、人の気持ちはある程度、あまり苦もなく伝わってきます。こうしたことを踏まえると、いかに**私たちが、実はいつも「目」というものの表情に着目していたか**がわかります。

目の表情をコミュニケーションツールに

ただし先に述べたように、私たちは、じっと目を見ているわけではありません。その代わりに、その瞬間瞬間で目の表情を鋭くとらえて、気持ちのやりとりをしているのです。

そこで先生は、子どもたちが自分たちの目に着目していることを理解した上で、視線を相手にわかりやすい、気持ちの表現として使うという認識をもつ必要があります。

例えば、目の開き具合、視線のもち方、時間あたりの瞬きの回数等で相手の受け止めは大きく変わります。自分には見えないため気がつきにくいですが、目の表情は本当に多彩なのです。

そこで、**目というものをコミュニケーションツールとして考えてみましょう。**例えば、

・あたたかく見守る目　　・じっくり聞いているよと伝える目
・君の話にわくわくしている目　　・ええ！　意外だなと思える目
・誠意のあふれる目　　・真実を見つめる真剣な目

という風に、鏡を見ながら意識してみましょう。どうですか？　思った通りの目の表情になっていますか？　穏やかな視線は相手の口元を緩め、話を聞くことにつながります。ちょっと相手の気持ちをほぐしたいときには、目をぐるぐる回す「目の体操」的な動きも有効です。時には、**気心の知れた子どもたちに、表現したい気持ち通りの目の表情になっているのか聞いておく**ことも大事なことかもしれません。もしものとき、その子に気持ちが伝わってこそ効果が出せるというものなのですから。

29 会話のテンポをつくる「オウム返し」

言葉をそのまま返してあげることも、また相手が言葉を紡いで話してくれることにつながります。ただし、使い方次第では、ちょっと困ったことも出てきます。上手な活用方法を考えていきましょう。

二人でつくり上げる会話

オウム返しとは、飼っているオウムが聞き取った音声をそのまま再現して聞かせてくれるように、**相手の言ったことを繰り返して、また相手に返していく**という聞き方のことです。カウンセリングの技術の一つとしても、様々なところで紹介されています。

「昨日の帰りに、大変なことになっちゃったんだよ」
「えっ、大変なこと？　何が起こったの？」

一般的に、オウム返しの効果とは、**相手の言ったことを確認できる**こと、**「話を聞いているよ。受け止めているよ」という相手へのメッセージになる**ことが挙げられます。また、それらが相手との共感を生むということもあります。

多用には注意

ただ、オウム返しはあまり多用したり、場面に合わないときに使ったりすると、逆に相手に嫌な印象を与えてしまう可能性もあります。

試しに、ＳＮＳでのやりとりを想像してみてください。ＳＮＳの言葉は、時間の経過とともに積み重ねられていくものです。その積み重ねのやりとりの中に、オウム返しの言葉が載せられていると、ちょっと違和感があるのではないでしょうか。

私たちの日常の話し言葉のやりとりにおいても、あまりにもオウム返しが多いと認識されてしまうと、このように違和感をもたれるということは充分に理解をしておく必要があります。これは、相手が子どもたちであっても例外ではありません。

そのため、「オウム返しという方法を使わなくては」と考えるよりは、**そのときあなたが、その子の言葉をしっかり受け止めているんだよという気持ちから自然に発生するような言葉**で返してあげることの方が、ずっとずっと重要です。

オウム返しはここぞで使う

もちろん、オウム返しをして確認をとったり、その子の本当の気持ちを引き出せたりすることはあります。ですから、日常的に使うというよりは、ここぞというときにオウム返しも使ってみて、その子の言葉を引き出してみるのが良いでしょう。

「今日はさあ、一人で来たんだ」
「え、一人で来た?」
「うん、いつもはお母さんと学校に来るけど、今日は自分一人で来たんだよ。ちょっと強くなったかも」
「なるほど、それはかなりの進歩だねえ」

　また、相手の側に真摯に寄り添う気持ちを込めて、オウム返しにとどまらず、言葉の一部を繰り返してみる、自分なりの気持ちや感情を相手の言葉を受け止めた部分に添えてみるなどの、細やかな気遣いが必要になってきます。


「行かない！」

「んっ？　行かないの？」

「音楽行きたくない！　リコーダーめんどくさい」

「リコーダーねえ。そういえばこの前、音楽の先生がなんか言ってたよ」

「なんて言ってたの？」

「〇〇さんはリズム感が良くて、聞いていると楽しくなっちゃうって。君が習っているダンスのおかげかも」

「えー、そうなの。うーん。行こうかな…」

「ちょっと音楽室まで一緒に行こうか」

「うん。行く」

こうした細かい配慮が、先生が話を聞く場面には求められます。とはいえ、それを意図的に頭の中で組み立てて、上手に相手の気持ちを遮らないようにすることがいつもできるかと言われると、やはりそうはうまくはいかないでしょう。

しかし、私たちには強みがあります。それは、もし失敗しても、子どもと毎日顔を合わせることができるということです。ちょっとしたコミュニケーションの中でリカバリーできる方法はたくさんあります。その中でいろいろな技術を磨き、相手と上手にコミュニケーションがとれる自分だけの方法を、オウム返しにこだわらず身につけていただきたいなと思います。

第3章

ケース別でよくわかる教師の「聞き方」

ケース 1

家ではよく話すのに、学校では話さない子

好きなもの・ことの話

situation

家庭内では問題なく話しているのに、学校では話さない子がいます。そういう子には、場面緘黙などの診断名がつくこともあります。それぞれの子にそれぞれの状況があることを踏まえて、対応してあげたいところです。

聞き方のポイント

状況改善のための仮説を立てて聞き、少しずつ検証してみましょう。無理強いをせず、丁寧な聞き方を心がけ、思わずこぼれる心の声を汲み取るようにします。

見過ごされがちな、自分からは話さない子

小学校、特に低学年のうちは、**忙しいときでも時々時間をつくっては、じっくりクラスの様子を見渡してみる**ことが大切です。というのは、本人には自覚がないのかもしれないけれど、子どもなりに、ものすごい注意力で周りの状況をとらえ、みんなから浮かないようにと話しづらさを隠し、けなげに振る舞っているようなケースがあるからです。

また、一緒に過ごしてきた仲間が、不足しがちなその子のコミュニケーションの力を自然と補ってくれているときもあります。その子にしてみれば首を縦横に振るだけで意思の疎通ができ、手を取り、声をかけてもらい、集団行動にも遅れず参加できるといった具合です。

家庭内でのコミュニケーションに問題が無いため、学校でその子が話していないことにそれほどの危機感をもっていない場合もあります。学校でのこともその子にとっては普通のことなので、さも話しているかのごとく家には伝わっていることもありそうです。

クラスの中に仲の良い子が一人いて、何をするにも一緒に行動しサポートしてくれるケースもあります。ある例では、友達の子が「学校では話さないけど、家に帰って遊ぶときはそれなりに話している」と話していたため同じ班になるように配慮してみたところ、本

当は、「その子にいつも命令されるようでいやだった」という話を後で伝え聞いたこともあります。**その子が支援を必要としているのか、またその支援がその子のためになっているのかを見極めること**は、とても大切なことなのです。

言葉以外も総動員して会話を楽しむことの効果

さて、あるケースの話です。その子は恐竜が好きということをお母さんから聞いていました。また、家ではよく話しますが、学校では話していないとのことでした。

そこで、クラスで話さなくても、周りにクラスの子が誰もいなかったり、家の人が居てくれたりすると話せる場合もあるので、別室を用意してみました。この部屋は、クラスから少し離れた部屋で、いるのはお母さんとその子と私だけです。「こんにちは」と挨拶すると、「・・・・」と、まるで「こんにちは」と言っているかのような素振りで挨拶を返してくれます。しかし、言葉は出ません。

「恐竜が好きなの?」と聞くと、こくんと頷きます。そこで思わず、「なんていう恐竜が好き?」と聞くと、今度はちょっと困った素振りを見せました。そうかしまった、まだ言葉は出ないんだなと、「もしかしてこれ?」と図鑑のティラノサウルスを示しました。すると、またこくんと頷いてくれたのでした。

こうして、何回かその子と会いました。そのときは毎回、恐竜談義です。好きな者同士なので、かなり盛り上がります。するとだんだん表情がゆるみ、自分の気持ちを身振りや筆談で自分から示してくれるようにもなりしました。

結局、好きな恐竜の話題であっても、私との間では話すまでには至りませんでしたが、「あっ」と声が漏れたり、今にも話し出しそうな雰囲気になったりと、少しずつですが表現が変わり始めているのがわかりました。

こうした言葉の状況は、そうそう簡単に改善できることは少ないものです。それでも、**慌てず、焦らず、言葉にならない言葉も総動員して好きな会話を楽しむ**ことで、少しずつではあっても、変えていけるものもあります。

ケース
2

いつも職員室の入り口で待っている子

笑顔　好きなもの・ことの話

situation

職員室の入り口の前は、いろいろな子どもたちがいろいろな用事で集まる、ちょっとした集会所のような雰囲気があります。そんな中、毎日のように「○○先生はいますか？」と職員室を訪れる子がいました。

聞き方のポイント

まずは状況把握。ただ来ているだけのようでも、その子にとっては意味のあることかもしれません。それを受け止めつつ、いつか自立できる日のために働きかけます。

職員室前に集まる子どもたち

職員室の扉の前は、ちょっとした集いの場所とも言えます。毎朝教室の鍵を取りに来る元気な子もいれば、「おはようございます」「さようなら」と、わざわざ立ち寄って挨拶に来てくれる子もいます。それは当たり前の光景のようでもありますが、改めて着目してみると、そうして職員室にいつも来てくれる子は、クラス全体から見るとごく少数に過ぎないのではないでしょうか。

ほとんどの子は、用事があるときにだけ、自分の意思で職員室に来て用事を済ますなり、先生と話をするなりします。教室で待っていれば、担任の先生とは必ず顔を合わせるわけですから、わざわざ職員室まで行くことはないと思うのが子どもの側の心理です。授業の前は、教室で座って待ちましょうと指導されている場合もあるかもしれません。

「○○先生はいますか？」と来る子

職員室前にいる子の顔ぶれは、大体決まっています。私はできる限り、その一人一人に話しかけるようにしています。すると、その子たちから頼まれごとをされるときもあります。ある子はいつも、

「○○先生はいますか？」

と、担任の先生を呼ぶように私に頼んでいました。その先生がいるかいないかにかかわらず、いつも来て先生を呼ぶのです。「教室にいるんじゃない？」と言っても納得しないこともあります。つまり、**その子にとってその先生は、いつも一緒にいたいし、いつも自分と話をしてほしいし、いつも自分の話を聞いてほしい対象**なのです。

もちろん、それだけ魅力のある先生なのであれば、他の子どもたちの中にも同じ思いをもっている子が多いと考えられます。しかし他の子たちは、先生と離れることができます。ただその子は、先生と接することにより強い気持ちをもっているようでした。このような場合、もちろん当の先生も実態はわかっていることでしょう。しかし、周りの先生側も、どう聞き、どう関わるのかが問われるケースです。

代わりに話を聞いてみよう

こういう場合、もちろん注意が必要な事例もありますが、自分を呼びにきたわけではなくても、とりあえず話を聞いてみるという手があります。どの子も事情は様々ですが、話を聞いてほしくてそこに来ているわけで、**実は相手は誰でもよい場合も多い**のです。

「○○先生は今はいないよ。後で来ると思うけど、よかったら伝えておくよ。なんて言っておけばいい？　ちょっと教えてよ」

と言ってみるとするする話し始め、もう止まらない…なんてこともあります。教室であったこと、自分が不満に思っていること、これからやろうと思っているけどちょっと勇気がないんだということ、週末に出かけるのが楽しみだということなど、話題はいろいろです。

「今日学校に来るときに、初めて自分から挨拶できた」と教えてくれた子もいました。いつもはなかなか声が出せず、友達の方が先に声をかけてくれるのだそうです。「それはすごいぞ。またできたら教えてよ」と伝えておくと、しばらく日が経ってから、「できたよ」と言いに来てくれることもあります。そのうち他の子にも、地域の方にもできたよ、となる場合だってあります。こうした一つの声かけが、その子の自立への鍵ともなります。

ケース
3

吃音の子／特定の音が言いづらい子

ホワイトボード

situation

子どもたちの発音には、様々な音が含まれています。中には、聞いてみるとちょっと不思議な音で話をしている子もいますし、言っていることの意味がなかなか聞き取れないような子もいます。そうした子どもたちに対して、どのように対応していけばよいのでしょうか。

聞き方のポイント

いきなり「わからない」と伝えずに、まずは聞こえている音から予想して受け止め、温かい言葉で返します。背景に注視し、その子に寄り添って改善策を検討します。

聞き取れない、その子の話

クラスには様々な子がいます。言葉全体が不明瞭で、言っていることの意味合いがなかなか受け止められない子にも出会ったことがあります。その子は一生懸命、どんどん話してくれるので、わからないということを伝えるべきかどうか、少し迷います。その子が話す度に、言葉で何度も「もう一回話して」と伝えるのは、しのびない気がするのです。

そこで、ホワイトボードの出番です。

「それってこういうこと？」と確かめる意味で、**ホワイトボードに絵やイラストや文字を書いて、相手の言葉をどう受け止めているかを返していきます。**理解が曖昧なときは、「？」を使って伝えてみると、それはそれで嫌な顔もせず、またいろいろと話をしてくれます。そうこうしているうちに、次第にその子の話とこちらの受け止めた言葉が一致してくるようになります。

このようにすることで、その子にとっても、自分が投げかけた言葉を、目の前にいる先生という大人が、一生懸命受け止めようとしてくれているんだと感じることができます。ですからまずは、その子が言ってくれている言葉のおおよその意味合いをとらえるようにし、それに対して全身全霊をかけて、一生懸命聞き取っているんだよというメッセージを、いろいろな形で送ることが大切です。

そうして、その子との関係性が安定してきたのなら、

「ごめんね、今の言葉はわからなかったから、もう一回教えてくれると助かるよ」

という風に、その子と一緒に少しずつ言葉を修正していくということもできるようになるでしょう。最初から「わからないよ」と言ってしまうと、その子の心の立ち位置は危うくなるかもしれないということを、心に留めておきましょう。

特定の音が言えない／言葉を言いづらそうにしている子

クラスの中にはその他にも、「さ」や「か」などの特定の音が別の音に聞こえたり、うまく聞き取れない発音をしていたりする子がいるかもしれません。また、言葉の出だしが詰まったり、言葉の最初の音を何度か繰り返してしまったりする子がいることもあるでしょう。そうした子は、場合によっては構音障害や吃音を抱えていることもあるかもしれま

せん。また、自分の言葉の状況に気がついている場合もあれば、気がついていない場合もあります。すでに気がついている場合は、長い間自分の話し方について気にしていたり、友達から指摘されて随分傷ついたりしていることもあります。

私たち先生の役目は必ずしも、発音の不明瞭さを指摘し、その場で改善していくことが第一というわけではありません。吃音の場合、原因がはっきりせず、いろいろな治療法もなかなか改善に結びつかないこともあります。本人とご家庭で、改善へと努力されてきた長い歴史があるかもしれません。

まずは、その子の状況を受け止め、その子の背景をいろいろな情報源から探り、どう受け止めていくのかということを考えるのが先決です。その上で、本人や家庭と今の状況を共有し、できそうなことから目標を一緒に立てて、一歩ずつ前に進んでいくような丁寧な取り組みが望ましいでしょう。

ケース 4

自分のことばかり話し、周囲から疎んじられがちな子

笑顔　安心・安全なクラス　軽運動

situation

三年生の途中から転入してきたAさんは、どうしても自分のことばかり話しがちで、なかなか周囲と双方向の関係が結べません。学年が上がると、他の子との対立も起こるようになりました。Aさんが自分のことを理解し、成長するために、何ができるでしょうか。

聞き方のポイント

軽運動を伴う会話で状況を分析し、継続的な対話を通して、徐々にその子が自分自身のあり方を知れるよう支えます。チャレンジを応援し、前向きな態度を育てます。

自分のことばかり話すＡさん

Ａさんは、三年生の途中で別の小学校から転入してきました。まず自分の話をしたがり、相手の行動や考えにはあまり関心がありません。そのため周囲から疎んじられ、一人でいることが多くなっていきました。体育の授業を担当していた私は、様子が気になり、それとなく見守っていました。

四年生になると、同じスポーツクラブに通っているＢさん・Ｃさんの二人と一緒にいることが多くなりました。しかし、会話が上手で人に対して強く出ることのできるＢさんは、自分に都合が悪いことがあるとすぐにＡさんを言いくるめ、「Ａさんのせいで」という風に吹聴しました。Ａさんは、そんなＢさんから離れたがっていましたが、Ｂさんはそれを許しませんでした。

ボールの受け渡しは、聞くことのはじまり

ある体育の授業で、ＡさんはＣさんとペアを組もうとしましたが、Ｂさんにはじかれてしまいました。「もし困ったら私と相談」という約束を事前に取り付けていたため、そのときＡさんは、私とキャッチボールをすることになりました。

そこで、**キャッチボールの機会を生かして、ボールの受け渡しをしながら少しずつ会話を挟む**ようにしました。すると、Aさんはいろいろと話をしてくれました。いわく、「Bさんはすぐ命令する」「今の自分には自信がなく、その命令に逆らえない」のだそうです。また、Bさんが自分を助けてくれるというわけでもないのだそうです。二人の間にはなにやら階層（カースト）があり、Bさんを通じて、Aさんへの理不尽な扱いが当たり前のこととして、少なからずクラスに伝わってしまっているという印象でした。

実は、この状況に担任も心を痛めていました。そこで、Aさんの状況改善のためにも、まずクラスの中で三人が一緒になる機会をなるべく減らすという方針をとりました。クラスの活動場面や班づくりでも、なるべく三人が同じ班にならないようにその都度工夫を凝らしました。その結果、Bさん、Cさんは友人関係が広がり始め、Aさんを含めた三人でいることにこだわらなくなっていきました。しかし一方で、Aさんだけは、関係がなかなか広がらないように思われました。

自分を客観的に見られるように

五年生になると、私がAさんを担任することになりました。キャッチボールを通して会話したあの日から、Ａさんは折に触れて、いろいろと話してくれるようになっていました。家の中ではみんな忙しく、一人寂しい思いをすることもあるということ。やはり人と話すのには苦手さがあるということ。アドバイスをもらっても、なかなかその通りにはできず歯がゆいということ。もちろん本人は、困っていることを話しているのですが、こうした話をＡさんから聞けるにつれて、私は少し嬉しい気持ちになりました。なぜなら、対話を重ねるにつれて、**Ａさんは自分のことを客観的に見られるようになった**と感じたからです。

私は、「Ａさんは、ちょっと変わったように思うよ。なんだか成長したのかも」と、自分の感じたことを素直に伝えました。すると、学級開きの数日後に行われたクラス委員選挙に、なんとＡさんも立候補しました。Ａさんは、「みんなが仲良くできるクラスにしたいです」と小声ながらも訴えていました。票が入らず孤立してしまわないかな、という私の心配をよそに、しっかりとＡさんにも票は入りました。

「何に困っているのか」を話すということは、自分自身のあり方を知る大切な経験でもあります。少しの変化を見逃さず価値づけることで、前向きな態度は育っていくのです。

ケース
5

気持ちが見えにくい、伝わりにくい子

ホワイトボード　コミック会話

situation

ある日突然、「もう耐えられない」と助けを求めてきたのは、クラスのリーダー格のAさん。聞けば、誰がやっているのかわからないいたずらが続いているとのこと。全く予想外のトラブルに対して、どんな風に話を聞いていくと良いのでしょうか。

聞き方のポイント

気持ちがぽっかり抜けて伝わりにくく、知らず知らず友達を追い詰めてしまっていることがあります。心情に寄り添い、絵や図を用いながら気持ちを補っていきます。

突然のＡさんの話

ある日、Ａさんが顔を蒼白にして訴えてきました。

「先生、私はもう耐えられない。明日から学校に来られそうもない。先生、助けて」

聞くと、あるときから、時々机の中に、「死ね。消えろ。うざい」などと書いた紙切れが見つかるということでした。

申し訳ないことに、私は話を聞くまでこのことには全く気づいていませんでした。というのも、気丈なＡさんは、「こんないたずら、自分にとってはどうということはない。いつかは終わるだろう」と思い、そのままにしていたのだそうです。何をされるでもなく、親指ほどの小さな紙切れが一枚、時々見つかるだけなのですから。

しかし、いつまでたっても止む気配はなく、最近はなくなったかなと思ったらまた見つかるということが続きました。さすがに気にし始めたＡさんは、自分で調べたり友達に相談したりしましたが、誰によるものかがわからないこともあり次第に追い詰められ、このままでは学校に行けなくなると感じるほどの不安が湧き、ついに私に打ち明けることにしたのだそうです。

このクラスは落ち着いた印象で、特に人間関係上の問題は見受けられないように思われていました。定期的なアンケートにも目立った記述は見られず、関係づくりのプログラムも定期的に実施していました。また何より、Aさん自身も友達関係は良好で、クラスのリーダー格で何でも前向きな、活発な子でした。

私は、Aさんがここまで追い詰められるなんて、という驚きで頭がいっぱいでした。とにかくAさんに寄り添うことを第一に考え、訴えをじっくり聞き受け止めました。すると、それまでは思いつめていたAさんでしたが、話せたことで随分と気持ちが楽になったようでした。

気持ちの伝わりにくいBさん

しばらくして、ある偶然から、同じクラスのBさんの何気なくとってきた行動が、今回の一件につながったことがわかりました。Bさんには、相手と気持ちの共有がしづらいところがありましたが、決して孤立しているわけではなく、Aさんも含めて交流がありました。Bさんが紙切れを友達の机の中に入れることは以前にもあったらしいのですが、どうやらそこには相手への負の感情があるわけではなく、ただただ投げ入れることが楽しいということらしいのです。

言葉のみでBさんの心情に寄り添い、伝えることは難しいと考えた私は、**伝えるべきことを絞り、「コミック会話」を使って絵や図で伝える方策**でBさんと話をしました。

Bさんがしたことと、そのときのBさんの間違った解釈（楽しい気持ち）、最初に紙を見つけたときのAさんの気持ち、何回か紙を見つけ、どんどん落ち込むAさんの気持ちを、場面を追って棒人間の動作と吹き出しの言葉で説明しました。紙面には、説明時のBさんから聞き取った、Aさんの苦しみに触れたと思われる言葉も書き込みました。

そうすることで、Bさんなりにやっと理解ができたようで、いつもはあまり変わらない表情にも少しだけ気持ちの動きが見て取れました。もともとAさんとの関係が悪くはなかったため、Aさんとのわだかまりを解消する場をもつことにより、もう一度クラスでやり直せるようになったのでした。

このように、子どもたちの行動や表れには、こちらの予想を超えるものもしばしばあります。それを十分に踏まえ、注意深く様子を見守っていく必要があると感じた事例です。

ケース
6

発想が豊かで自由奔放な子

安心・安全なクラス
ホワイトボード
日々のつぶやき集め
構成的グループエンカウンター

situation

とても活発なAさんは、誰にでも、何にでも興味を示し、すぐに駆けつけて関わろうとします。でも、着席して授業に臨むことができないのです。他の子が持っているものがすぐに欲しくなり、手にしてしまいます。友達から非難されることもたびたびでした。

聞き方のポイント

まずはその子の日々のつぶやきや行動から本当の思いに触れること。そして、学級全体に向けた取り組みやオーダーメイドの学習形態を通して、承認の場をつくります。

活発でトラブルの多いＡさん

小学三年生のＡさんは、その活発さから周囲とのトラブルが絶えませんでした。周囲の子たちは、Ａさんが何かトラブルを起こすと大声ではやし立てます。するとＡさんは興奮してさらに激しく立ち回ります。そして教室を飛び出していくのです。こうなるともはや学習どころではなく、連れ戻しにいくことで精一杯となってしまいます。

ただＡさんは、泣いている友達がいると誰よりも早く駆けつけて「大丈夫？　どうしたの？」と声をかけるのです。つまり、**「Ａさんは誰よりも友達のことに興味があり、できれば仲良くしたいと思っているのではないか」**と、そのとき私は感じていました。

Ａさんの想い

ある日、Ａさんは、私の机の前で一生懸命折り紙を折っていました。「何を折っているのかな？」という私の問いに、Ａさんは「プレゼント」と答えてくれました。

「先生、聞いてよ。うちの班に、何とかしてあげたい子がいるんだ。私に何ができるかわからないんだけど、プレゼントをあげて慰めようと思うんだ」

そういえばAさんの班には、Aさんとは反対にとてもおとなしく、自分からは関わりをもちにくい子がいたのです。私の目には、Aさんとの接点はあまりないように見えたのですが、Aさんなりに気にかけていたのでした。そっとプレゼントを渡すAさんに、ちょっと驚きつつも嬉しそうなその子の様子がうかがえました。

それからAさんは、いつも机のそばで自分の想いを話してくれるようになりました。授業は受けなければいけないと思っていること。みんなにはやし立てられると頭が真っ白になって、つい興奮してしまうこと。外に出るのは、落ち着ける場所を探しているのだということ。できればみんなと上手に関わりたいということ。でも、何度やってもうまく関われないことばかりということ。

好き勝手に動いているのではなく、Aさんなりに悩んでいる様子がわかってきたのです。

Aさんの居場所づくりと成果

家庭訪問では、そんなAさんの良さと悩みについてご両親に伝えました。これまでのこともあり、ご両親とも心配は尽きない様子でした。そこで、まずはAさんが落ち着けるよう、教室内での居場所づくりに全力を尽くすことを話し、「心苦しいのですが、家庭ではできるところから学習の見守りをお願いします」と伝え、承諾していただきました。

クラスではまず、学級活動を使ってAさんと周囲との関係調整に努めました。構成的グループエンカウンターの導入等、Aさんも含めたクラス全体の関係づくりを進めました。その一つとして、**ポストカード形式で、それぞれの子の良いところ探し**を行いました。相手の良いところをカードに書いてポストに入れていくという簡単なものですが、Aさんは、ここで思いがけない活躍をしました。いつもいがみ合っていた子たちも含め、ほぼクラスの全員に良いところを書いて送ることができたのです。送られたカードには必ず答える指導をしていたため、Aさんもまた多くのカードを手にすることができました。これをきっかけにAさんの優しさに気づく友達も増え、Aさんと周囲の関係にも変化が現れました。

授業での認められる経験

しかし授業では、相変わらずクラスから飛び出してしまうことがありました。支援にあたる教諭との少人数指導も設定しながら、一進一退が続いていました。

ノートが上手にとれないAさんは、自分の考えをまとめて発表することが苦手でした。ある一斉授業の時間に、手元のホワイトボードに考えを図で表し、掲示することで発表に代えるという方法を行ってみました。黒板には、Ａさんを含めた何通りかの考え方が示されましたが、Ａさんの図はわかりやすいとみんなからの称賛を浴びました。この日、図を巡っていくつかのやりとりが交わされたにもかかわらず、Ａさんは授業に参加し続けることができたのです。

あとで聞いてみたところ、Ａさんはみんなに認められたことがとても嬉しかった様子でした。Ａさんが一番欲しかったもの、それは、**友達から認められる経験**だったのです。

担任ならではの視点で方法を探る

家庭と学習支援担当教諭の支えもあり、Ａさんは、次第に授業で発言できるようになりました。直感力に優れ、思考の早いＡさんの良さを、授業で表せる場面が増えていきました。すると、Ａさんを見る友達の目も変わっていきました。自信のついたＡさん自身の友達への関わりも、また優しいものへと変わっていったのです。

年度の終わりまでに、Ａさんは、ほとんどの授業に落ち着いて参加できるまでになりました。つまり、Ａさんのもつプラスの側面を上手にクラスで分かち合うことで、プラスがプラスの評価を呼び、クラスにおけるＡさんの居場所が確保できるようになったのです。

小学校では、Ａさんのような授業に参加できない子の支援において、担任が果たす役割は非常に大きなものです。なぜなら、担任は、誰よりも長時間その子に寄り添っていることになるからです。

特に小学生の場合、すべての想いを言語化できるわけではありません。その子の些細な変化や様子を見逃さない鋭い観察眼と、その子の心の琴線に触れることのできる柔軟さが、担任には求められます。何よりもまず確保したいのは、**互いが認め合える受容的なクラスづくり**です。子どもたちの考えを担任が上手にリードし、その子が安心できる居場所づくりを進めた上で、より良い関係を結べるように、順次手立てを打っていくのです。

授業へのやる気は、居場所のある安心感から生まれるものでもあります。そして、やる気が引き出せたとき、**まず成果が出しやすい授業形態や支援ツールの開発**は欠かせません。すぐに発表などの言語化を求めず、カードやホワイトボード、ＩＣＴなどその子の特性に応じた方法で、段階を経て自信をつけていくことが求められます。そして、その子を一番知っている、クラス担任ならではの視点でその方法を追求していくことが大切なのです。

ケース 7

主張が過ぎる子

ホワイトボード

好きなもの・ことの話

situation

勉強は得意なのですが、言葉尻が強く、周囲との関係をなかなか結べない子がいます。その子がみんなとだんだん関係をつくり、穏やかに過ごしていけるようになるためには、どのような場の設定が必要なのでしょうか。

聞き方のポイント

まずは丁寧な見立てによって、その子のキラリと光る良さを見つけましょう。授業を通じてその良さを伸ばし、育てられるように、ＵＤの視点を取り入れます。

授業の工夫からその子に迫る

　Cさんは、授業でとてもよく発表し活躍できる反面、少しでも気に入らないことがあると相手を非難し、クラスではその話しぶりからトラブルが絶えませんでした。また、授業においても納得が得られるまで何度も何度も手を挙げて発言のチャンスを求め、発言できないと悪態をつくなどの表れがありました。ただ、学習したことの理解はなかなかで、特に「聞いたこと」をよく覚えることができます。時にはユーモアのある言動もあり、周りの子どもたちは、それなりに温かく見守っていました。

　そんなCさんの普段の様子から、特に算数の問題解決型の学習において、Cさんの発想力や、自分の考えをためらわずに発表できる良さが光ることがわかってきました。そこで、**授業のUD（ユニバーサルデザイン）の考え方を取り入れることで、Cさんの関係づくりにもアプローチすることにしました。**

Cさんのあり方と授業のUD

　まず、**授業内容を焦点化し、その時間に学習する課題をきちんと黒板上に示す**ことを心がけました。何がわかればその時間のゴールになるのかを、できるだけわかりやすく示すのです。これは、クラスのみんなとCさんの思考の方向性をそろえ、同じ課題解決を目指すという共通の目的をもたせる狙いもあります。いくら論議が白熱しても、お互い目指すものは同じなので、互いの考えを尊重することが目標に迫ることになると気がつくことができるようにという願いがありました。

その結果、独創的な発想ができ、たった一人になっても自分の考えを譲らずに主張できるCさんに対して、これはむしろすごいことのではないかという機運が生まれてきました。そして、クラスの他の子どもたちも、何とか納得を取り付けようと、いかにわかりやすく説明するかに夢中になっていきました。

また、**ホワイトボードを使い、Cさんの時に強すぎる主張を視覚化**できるようにしました。手持ちのミニホワイトボードに主張の内容を書かせ、黒板上に貼り付けるような形です。Cさんが満足でき、比較的穏やかに授業を継続できるというだけでなく、言葉が多すぎて時にわかりにくいCさんの発言内容が整理され、クラス全体に、Cさんの考えの良さが共有されることにもつながりました。つまり、Cさんの授業の様子を改善すると同時に、Cさんに対するクラスのみんなの態度を温かいものに変えていくこともできたのです。

四年生理科「体の仕組み」のある日の授業では、腕が曲がる仕組みとして、前腕が二つの骨でできていて、肘は曲がると同時にねじる運動ができることをホワイトボードで示しました。動作化もすることで、周囲に対してわかりやすく説明をし、終始授業をリードすることができました。意見の交換の後、Cさんの考えは深い納得をもってクラスに受け入れられ、「Cさん、すごいねえ」という声があちこちで聞かれるほどでした。

この授業後、Cさんの主張に周囲が納得できるという機会が増えました。また、Cさん自身も、過度な主張をしなくとも周囲が受け入れてくれていることに気がつき、自分の新たな友達への気づきや想いを私に話してくれる機会も増え、クラスでのトラブルは少なくなっていったのです。

時には違う発想で、子どもの「良さ」を見つけることができれば、そこには、授業を通じて伸ばせること、育てられることがたくさんあります。まずは、丁寧な見立てを大切にしていきたいものです。

ケース
8

泣きながら登校してくる子

教師の振る舞い

situation

いつの学校、どの学校においても、朝泣きながら登校してくる子どもは必ずいるものです。そのような子どもの受け止めは、どのようにすればよいのでしょうか。

聞き方のポイント

その子が涙を流していても、すぐに声をかけなければならないときばかりではありません。大切なのは見守る姿勢と、丁寧で温かい対応です。

泣きながら登校してくる様々な子

朝、はっと気がつくと、教室の入り口に涙に濡れた子が立っていることはありませんか？「やっとここまで来たんだ」ということがありありと見えるような、泣きながら登校してくる子のことです。

理由は、見ればわかる場合ももちろんあります。例えば、膝小僧に傷を負っているとき。手のひらを擦りむいているとき。そんなときの子どもたちは、受け止めてあげる姿勢を見せることで、どんどんいろんな話をしてくれます。毎週のように膝小僧を擦りむく子だっているのです。

ただ、見ただけでは理由がわからず、聞こうとしても話にならず、ただただ泣いてしまうという場合もあります。そのような場合は、雪解けを待つような感じで、暖かい部屋に入って座ってもらい、**「また落ち着いたら聞かせて」というように前置きをしておく**ようにします。そうすれば、自分の気持ちが落ち着いてきたなと思ったタイミングで、先生のそばに少しずつ寄ってきて、ぽつりぽつりと語り出してくれることも多いです。

また、明らかに不機嫌な顔をして涙を流し、黙って部屋に入ってくるなり、机に突っ伏してしまう場合もあります。そのような場合も、注意深く周りを見守りながら、とりあえずはそのまま置いて、様子を見守るようにします。授業や朝の会が始まった後も、その子がアクションをかけてくるまでは、しばらくそのままで見守ることが多いです。そうこうしているうちに、だんだんと姿勢が直ってきて、場合によっては話をしてくれることもあります。

緊急性がないようであれば、このように私はずっと見守っていることにしています。もちろん、こちらから声かけをすることも大事ですが、**その子が自分から、今の状況を話した方が良いんだなと思えるようになるのを待つ**のも一つの方法なのです。そうすることで、「人に話すことで自分の気持ちが楽になる」という実感がもてるのであれば、それはその子の力になります。必ずしも、こちらからいつも声かけをしなければならないときばかりではありません。

もちろん、緊急事態の場合は別です。ただ、そういうときも、

「何、泣いてるじゃん!?」

とこちらの驚きをぶつけるのではなく、

「おや、何かあった？」

と、相手に寄り添っているんだよ、良かったら話してねというメッセージが伝わるように、落ち着いて声をかけることが大切です。

実は、**話を聞く前段階から、すでに「聞く」という作業は始まっている**のです。涙に濡れて学校にやってくる子の姿をまずは視線で受け止め、「見守っているよ」というメッセージを送り、「良かったら話してね」という気持ちを伝えること。それが、まずできることなのではないでしょうか。

その後、話を聞けるようになったときには、もし普段から学校に来づらさを抱えている子であれば、来たこと自体を認めてあげられれば良いでしょう。「来てよかったな」「なんとかここまで来られて、自分なりに頑張れたかもしれないな」と思えるように言葉がけをするなど、いろいろな方法をとれると思います。

ケース
9

かんしゃくを起こす子／すぐに爆発する子

安心・安全なクラス　教師の振る舞い　アイコンタクト

situation

何度も何度も、感情が爆発してしまう子がいます。そんな子からは、いろんな言葉が飛び出します。時には暴言も出ます。周りの子たちも、少し引き気味になってしまっています。そんなとき、私たち先生ができることは何でしょうか。

聞き方のポイント

子どもの感情が爆発しているとき、対話の無理強いには注意が必要です。まずは見守る姿勢で接することで、自己コントロールを身につけることにもつながります。

暴言が飛び出すときには

子どもから「死ね」といった暴言が飛び出すとき、**私たちがその言葉の意味を深く考えたり、受け止めようとしたりするのは、あまり得策ではありません。**その瞬間、そう思ったから言っている場合もあれば、口癖のようになってしまっている場合もあります。ですから、「…わかった。話せるようになったら話してよ。待ってるよ」と、こちらは聞いているという姿勢を見せるのが良いこともあれば、スルーして別に気にも留めていない風にした方が良いこともあります。

このような気持ちの爆発は、なるべく子どもたち自身の力でコントロールし、抑えきる経験を積んでいってほしいものです。話を聞くのは、その子が自分自身を収めて、冷静になってからでもいいのではないでしょうか。むしろ、「そう急ぐことはないので落ち着いて対応しよう」という気構えをこちらがもっておかなければ、激しい言葉の応酬になったり、相手も望んではいない他害を引き起こしてしまったりすることさえあります。

・気持ちはわかった
・別に無視をしているわけではない

・さりとて、暴言や激しい行動を許しているわけでもない

これらのメッセージがバランスよく伝わるようにすることが、非常に重要です。

私なら、今やっている掃除を続けながら、暴言を吐き続けるその子の様子をさりげなく見守るかもしれません。また、一定時間、他の子どもたちと一緒にその場を離れ、その子が落ち着いた頃合いを見計らってまた戻ってくるという対応をとるかもしれません。これは、その子とのこれまでの関係性によりますが、**応用行動分析**という方法を踏まえて、自問できる場や時間を確保すること、その子の望ましくない行動を「抑制」「消去」し、少しでも自分で変容しようとする素振りがあればそれを見つけるというねらいがあります。

興奮の引き際に

もちろん、興奮のあまり窓から飛び出ようとしているとか、人に対して危険な行為をしようとしているといった場合には、まずは危険を回避できるようにすることが最優先です。

しかしそれでも、危険な行動を止めることができたなら、その後は興奮が去るまでは見守るというのも一つの選択です。激しい怒りや癇癪はそれ自体とても疲れるもので、子ど

もたちも反動で気持ちが沈みます。そのときこそ、じっくり話を聞けるチャンスです。


「いやびっくりしたよ。かなり疲れたんじゃない」

「うん、疲れた」

「それでも人を傷つけないようにしてたんじゃないのかな。私にはそう見えたけど？」

「…そうかも」

「そうだよ。なかなかできないことかもね」

「うん」

「今回は自分で落ち着けたのだし、ちょっと変わってきたじゃん」


と、わずかであってもその子の望ましい行動をほめ、望ましい行動を「強化」できるのです。このチャンスに、何とかその子自身が自分を振り返り、癇癪を起こしてしまう自分というものをとらえ直し、なりたい自分になるために自分のことをコントロールする力を得ていけるように支えていくことが大切です。

ケース 10

長期の休みから久しぶりに登校した子

安心・安全なクラス

アナログゲーム

situation

長い長い休みを経て、久しぶりに登校してきたその子。何を話しかけたらいいのでしょう。どんな話を聞いてあげたらいいのでしょう。一歩一歩、毎日の登校へとつなげていくために、私たちにできることは何でしょうか。

聞き方のポイント

学校に来ていなかった理由は様々です。無理強いをせず、まずはチャンスを伺って、関係性の再構築からスタートします。

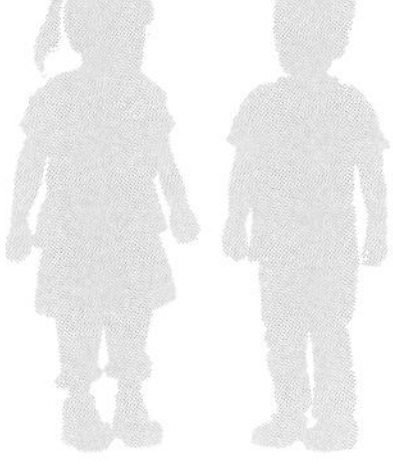

久しぶりにやってきたその子

ずっと学校を休んでいた子が久しぶりに登校してきたとき、あなたはどうしますか？子どもたちも私たちも、いろいろと聞きたいことがいっぱいあるはずです。「家で何してたの？」「どうやって過ごしてたの？」「勉強はどうしたの？」…でも多くの場合、それは一旦心の中に留めておき、聞くことをためらってしまうものではないでしょうか。

そんなとき、クラスの中にあっさりと「どうしてた？」と聞いてくれる子どもがいれば、それはそれでありがたいことです。その受け答えの様子を見ながら、こちらもどう関わっていこうかなと考えることができます。

ただ、多くの場合は子どもたちも気持ちは同じで、なんとなく気遣ってくれています。そういうときは、**やはりまずは挨拶程度に留め、その子が自分から何か行動を起こすのを待つ**という姿勢も大切です。

あえて聞かないのも聞くということ

学校に来ていない理由には、それぞれの事情があります。

子どもが話し出してくれるのであれば聞くし、話す素振りも見せないのであればあえて聞かない、というのも、本書のテーマである「聞く」という一連の作業の一部と言えるでしょう。

その子にとってはいろいろな理由があっての、長い長い休みだったのです。私たちがすべきことは、まずは**その子が日常を取り戻せるようにお手伝いすること**です。次の日も来て、そのまた次の日も来て、またちょっと休むこともあるかもしれないけれど、また次の日は来て。そうしてだんだんと、クラスでの日常を取り返していければ、それで良いのではないでしょうか。そのためには無理に理由を問おうとするよりも、まずは「学校に来てちょっと良かったな」と思って、毎日帰ってくれるということが大切です。

まずは関係性の再構築から

その上で、もし改めて話を聞けるチャンスが訪れるようであれば、さりげなく、少しずつで良いので話を引き出し、何をしてほしいのか、どのようにしていったら良いのかをその子と一緒に考えていきます。

そのためにやれることはいろいろあると思います。ですが、ここでもあまり焦ってはいけません。長い間会っていなかったのですから、その子との関係性も薄れているかもしれません。そういうときは、**一緒にボードゲームでもしながら、世間話をする**ところから始めてみましょう。その子の気持ちに寄り添い、関係性の再構築をすることが先決です。

また、子どもたちの中にも、そうした関係づくりの糸口になってくれる子がきっといると思います。もしかすると、その子がいるから、再登校してきてくれたのかもしれません。その子を一つのきっかけにして、クラス内での居場所づくりを徐々に進めていき、登校が少しずつ継続できるようにしていくのも一つの方法です。

ただし、繰り返しますが、状況はいろいろです。登校が一番の目標というわけでもありません。そのあたりにも柔軟に対応しながら、いつでもその子を見守り続けていくということが、私たちに一番求められていることではないかと思うのです。

ケース 11

表情があまり変わらない子

笑顔　ホワイトボード　好きなもの・ことの話

situation

いつ見ても、表情があまり変わらない子がいます。ついつい、楽しくないのかなと不安になったり、もっと笑ってほしいなとどんどん話しかけてしまったりするかもしれません。その子の状況に合わせて、どんな関わりから始めてみると良いのでしょうか。

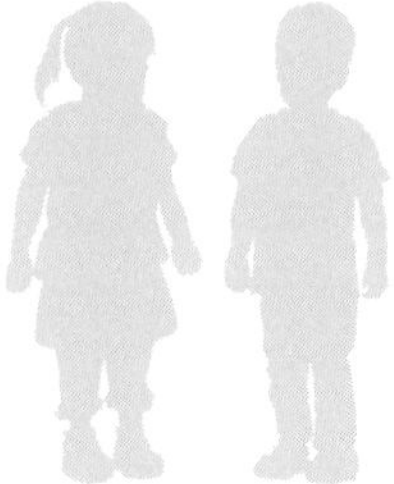

聞き方のポイント

表情が硬くても、声が出ているのかによって対応は変わります。声が出ていない場合は、刺激の少ない挨拶から、スモールステップでその子の自立へとつなげます。

表情は硬いが、声は出ている子

クラスの中には、いつ会ってもあまり表情の変わらない印象の子もいるのではないでしょうか。

その子は、あなたと話をしますか？　それともしませんか？

その子の声を聞いたことがありますか？

表情はともかくとして、いろいろ話をしてくれたり、他の子どもたちとの交流があったりするようであれば、それはそれでいいのです。たとえ表情がついてこなくても、ラジオを聴いてわかるように、声の抑揚や話し方で、いろいろなその子の気持ちを表すことができるわけなのですから。

先生が話を聞くときには、**「その子をちょっと微笑ませたいな」**と思うくらいが一つの目安になります。もちろん、表情のことを指摘する必要はありませんし、無理強いをすることもありません。話を聞きながら、ちょっとおもしろい話や微笑みを誘うような話を交えて交流しつつ、少しずつ、言葉に合った表情を身につけていくようにします。それは、その子にとってもイメージチェンジにつながります。表情は後でついてくるもの。だんだんとその子の表情が緩んでくれば、他の子たちとの新しい関わりが増えていくことも期待できます。

表情が硬く、声を聞いたことがない子

ただ、その子が話しているところを見たことがないようなときは、もう少し注意深く見守っていく必要があります。もしずっとその様子が続くのであれば、緘黙という表れの可能性も考慮する必要があります。いずれにしても、長い時間見守っているうちに、その子についての様々な背景や情報が集まるものと思います。

では、どうすればその子との関わりを築いていけるのでしょうか。あまり言葉がけをいっぱいしてしまうと、その子にとっては、言葉がまぶしすぎるように感じられるかもしれません。

そこで私の場合は、ちょっとした挨拶を試してみます。**指人形のような感じで、人差し指さんに挨拶してもらう**のです。それでその子が何らかの返事を返してくれるようなら、とりあえずは、話したり聞いたり、それに類することを進めてもいいということだと受け止められます。

また、こうした場合は、言葉というよりもその子の内面、心の声を聞くようにします。うまく話せないようであれば、**いろんな背景を想像しつつ、筆談やホワイトボードといったコミュニケーションしやすい手段を探します。**また、前担任からその子の好きなもの、得意なものの情報を得ておくと、とても役に立ちます。もしうまくいかなければ、その子の承諾を得て、どれならこちらと話をしやすいのかということを、あれこれ機材を持ち込んで一緒に探します。それも一つのコミュニケーションです。そのうち、ちょっと口角が上がる瞬間があるなど、その子の表情の中に気持ちが少しずつ見えてくるのではないでしょうか。

いくつかのコミュニケーションの方法が見つかり、いよいよ次の手段を考える頃には、家庭から情報が得られたり、子どもたちからも情報が得られたりすることでしょう。「家で遊ぶときはいつもおしゃべりしてるよ」「こういうことが好きなんだよ」などといった子どもたちの情報は、時として本当に有効です。その子と一緒に、何年も一緒に育ってきた子どもたちは、一緒に過ごしていくためのノウハウを一番もっているのです。**わからないことは子どもたちに聞く**という姿勢も、我々先生にはほしいものです。

ケース
12

みんなの活動に関わりにくい子

安心・安全なクラス　日々のつぶやき集め

situation

クラスのみんなで何か進めようとしても、なかなか乗ってこない子、自分の意見ばかりを主張して、結局やらないで済まそうとするように見える子などいろんな子たちがいます。さて、その子たちの気持ちはどこにあるのでしょう。

聞き方のポイント

その子がなぜ関わろうとしないのかを丁寧に聞き取り、その想いに寄り添いつつ、解決策を提案してみましょう。

企画に協力しづらい子

私はどちらかというと、クラスの活動には気乗りしないタイプでした。自分自身ではやりたいことがあるにはあるのですが、それがクラスのみんなの総意と一致するかというと違うことが多く、結局いつも、しぶしぶと取り組んでいた記憶があります。その当時にクラスのみんなで作ったものは、今でも手元に残っています。それを見返す度に、やっぱり作っておいて良かったと思えます。いつの間にか私も、人並みの心がもてるようになり、精一杯協力できなかったという苦い思いがもてるようになりました。

今の子どもたちの中にも、クラスの企画に協力しづらい子は何人もいます。あまり表立っては見えてきませんが、その子の取り組みの度合いを見ればすぐにわかります。話を聞いてみると、「自分にはその作業のやり方がわからないから」「自分の意見を聞いてくれないから」といった、わがままにも思えるような話をする子もいます。

そんなときは、どうしたらよいのでしょうか。

作業の方法がわからない

作業の方法がわからないということであれば、**友達と一緒に作業に取り掛かり、一通りの方法を最初から最後まで見てから、改めて自分でやってみる**という方法があります。卒業記念の制作に消極的だったある子の例では、見通しがもてないことが不安だったようで、見通しがもてた途端に、自分のすべき内容を理解することができました。決して協力したくないというわけではありませんでした。自分だって一緒に卒業していくのですから、本当のところは何もしないで済ますというのは、やはりいやだったのかもしれません。

自分の意見を聞いてくれない

「自分の意見を聞いてくれないから」と言う子は、見方を変えれば、「自分なりのこだわりがあり、自分で決めてある方法でないと結局困ってしまうのだよ」と言いたいのかもしれません。

そういう場合は、**活動の範囲の枠組みを示してみて、「これさえすればみんなと協力したことになるんだよ」という風に伝えてみれば納得する**こともあります。その上で、「自分の考えをしっかり生かして制作してね」と伝えれば、なお嬉しくなるのではないでしょうか。

いまいち気分が乗らない

いまいち気分が乗らない子の場合には、気持ちを上げる方法が必要となります。ただ、不思議なもので、やり始めていくとどんどんやる気が起こるということもあります。まず活動することが、次の意欲につながっていくのです。ですから、**最初の取り掛かりのハードルをどんどん下げてみる**ということが意外と功を奏します。

「まず一個、作ってみよう」という軽い取り組みの言葉がけでも良いでしょうし、活動がワイワイして楽しいという点を強調するのもありでしょう。ポイントになるのは、**どのようにしたらその子が、自ずとその活動に取り組んでいけるかを考える**ということです。

ケース 13

いつも家族の世話の話をする子

笑顔　人生グラフ　兄弟の話

situation

学校で家族の話、兄弟の話をする子どもたちの抱えている状況は様々です。ごくありふれた兄弟の話の場合もあれば、さりげない配慮がほしいのではないかと思われる場合もあります。その子に寄り添った聞き留め方とは、どのようなものでしょうか。

聞き方のポイント

ポイントはさりげなく聞き留め、さりげなく配慮することです。共感を示し、「大変だったね」と労をねぎらうことで、状況を前向きにとらえていく手伝いをします。

兄弟の話の受け止め方

その子は話をするとき、いつも家族の話から入ります。

「妹が大変なんだよ。うるさくて。いつもいつも自分にのし上がって。だから、お母さんの代わりもするんだよ」

のように、いろいろな話をしてきます。こういう話を聞くと、「頑張ってるんだ」と毎日していることを伝えたいのかなと感じ、微笑ましくもなります。しかし本当のところは、それだけではないのかもしれません。良いこともあれば、本当に困っていることもあるのでしょう。

そんなとき、私はいつもの決まり文句を言います。

「そりゃ大変だったね」

「兄貴って大変だよなあ」

何だか、歳をとってから同窓会で会ったときの会話のようですが、意外にもこれが、兄弟同士の関わり真っ最中の子どもたちの心に響くのです。その子は、なんだかんだとひとしきり、苦労話や出来事の話をして帰っていきました。

こうしてさりげなく、労をねぎらってあげることで、まずは気楽に、**「自分の抱えていることを打ち明けても大丈夫」**と思ってもらえるような関係を、どの子とも築いていくことを目指します。多かれ少なかれ大変さを抱えている子どもたちも、先生に話ができることで、また家に帰ってから、自分の兄弟たちと向き合っていくことができます。

人生グラフを一緒に描きながら、親の手を借りなくてもいろいろできるようになってきた先生自身の体験にも触れ、そのうち、「兄弟達もだんだんと成長して楽になっていくんだよ」なんて話もできるようになるといいですね。

ハンディを抱えた兄弟がいる場合

ただ、聞くことに慎重になってほしいのは、兄弟にハンディのある子がいる場合です。例えばその子が兄や姉の場合なら、時として父親・母親の代わりを務め、弟や妹のことを気にかけて頑張っているのかもしれません。また、その子が弟や妹の場合には、保護者がその子のためになかなか時間を割けずに、少し寂しい思いを抱えて過ごしていることもあります。

学校で、その子が抱えている気持ちをまっすぐに話してくれるようであれば、できる限りその子の状況を受け止め、支えるようにします。そうでなければ、あえて気に留めずに、毎日いつも通りの日常が送れるように配慮しつつ、それとなく様子を見守っていくのも我々教員の役目です。

クラスで過ごす兄弟以上の時間

いずれの場合であっても、**兄弟で一緒に過ごすということがその子に与える影響はいろいろある**ということを心得ておくことは、とても大事なことです。もちろんクラスには、兄弟のいる子もいない子もいます。ですが、兄弟がいてもいなくても、クラスという関わりの中で、何十人もの兄弟のような友達と、家族との時間以上の長い時間にわたって過ごしていくのですから、その良さを充分に、どの子にも感じてもらいたいと思うのです。

ケース
14

何を考えているのかがわからない子

安心・安全なクラス

好きなもの・ことの話

situation

友達との関係は良好なのに、先生にはあまり話さないし、自分からは関わらないので、何を考えているのかよくわからない子がいます。みんなの邪魔をするわけではありませんが、授業ではよく突っ伏して、寝るような姿勢をとってしまいます。

聞き方のポイント

普段から自分の心を開いておくことで、その子の世界を理解するきっかけを逃さずつかみましょう。その子の好きなこと、得意なことを大切にし、生かしていきます。

心を通わせられないその子

その子とは、話が通じないように感じました。話を聞こうとしても逃げてしまい、叱っても答えません。心を通わせるのが、本当に難しいのです。別にみんなの行動を妨げるわけではありません。ですが、授業の時には突っ伏して、寝ているような姿勢になることも多いようでした。

友達との関係は良好で、とても親しい子どもたちが何人もいました。休み時間には笑顔になり、会話も聞こえてきますし、楽しそうです。それなのにどうして、担任とはこんなにも話ができないのでしょうか。

先生のことを嫌っているというわけでもなさそうです。クラスはとても受容的で、その子が毎日どんな活動をして、どんな風に過ごしていても、決してその子を仲間外しにすることはありませんでした。

家庭への連絡にも苦労しました。配付物はほとんど持って帰らず、持って帰ってもなかなか保護者のところに届きません。保護者がこの現状をわかっているのか不安になった私は、保護者と直接電話で連絡をとることにしました。

すると、家庭では特に困ったこともなく過ごしているということでした。学校からの配付物が全く届いていないことを認識し、家庭側もようやく危機意識をもってくれました。

わかった原因とその子の良さ

そこでまずは、家庭と連絡をとるためのホットラインともいうべき直通の連絡方法を共通理解し、構築しました。次に、日常の改善です。決まった時間にきちんと学校に来ますが、なぜかいつも寝ています。とはいえ、授業の内容は聞いていて、テストでもそれなりに得点できます。しかし、細かい記述などはすぐ投げやりになってしまいます。

あるとき、その子がなんと私に話しかけてきてくれました。

「ねえねえ、先生なら知ってると思うけど、マイクラってわかる？　マイクラのこういう仕組みってさ、ものすごくおもしろいんだよ」

私にしてみれば、「先生なら知ってる」と感じてくれていたことがまず感激でした。そこからは、ひとしきり話をしました。わかってきたのは、この子はずいぶんとゲームに打ち込んでいるということです。家に帰ったら深夜まで、ずっとゲームをしているようなのです。朝、布団の中でやってから学校に来ることもあるようでした。

そこからは、保護者との連絡手段を活用しながら、少しずつゲームの時間をコントロールできるようにしようという共通理解が生まれました。その結果、徐々に学校でその子が寝てしまう時間は減っていきました。

その子は、理科の学習や物事の分析において、特に鋭い力をもっていました。ある交流学習のときには、その子ならではのユニークな方法で、学校中の見せたい資源をかき集め、学校ツアーを企画してくれました。そんなことができたのはその子だけでした。

話もなかなかできないその子でしたが、もっている内面は本当に豊かなものでした。もっと早く気がついて、窓口をいっぱい作って、その子の良さをもっと早く引き出してあげられたら良かったと今でも思うのです。

ケース 15

みんなのいる教室に入れない子

席の交換　ロールプレイ

situation

別のクラスに入るときや、教室移動のときに、みんなが集まる教室に入るのをためらう様子を見せる子がいます。そういう子の状況を把握し、改善に向かっていくためには、どのような方法が考えられるのでしょうか。

聞き方のポイント

ためらう様子は、その子の感じているストレスの表れかもしれません。言葉や表情から状況を推し計り、スモールステップで自ずと乗り越えていける方法を探ります。

教室移動をためらう子

子どもたちの様子を長年見ていると、みんなが集まる教室に入るとき、ためらう子がいることに気がつくことがあります。それは、**その子がクラスという集団と関わるときに、どれほどのストレスを感じているか**ということの一つの表れかもしれません。

もちろん、全く集団を恐れずに関わっていける子どもたちもいます。どんなときも大きな声で周りの状況に左右されず、いつもと同じパターンで行動できる子、誰に対しても引くことなく、一見堂々と話をしている子。子どもながらにすごいなと思わされることもあります。

しかし、そうではない子どもたちもそれなりに多いものです。自分のクラスならまだしも、別のクラスに入るときや教室移動のときなどに、なかなか入っていけない子どもたちが一定数います。

そういうときは、自ずとうまくいくような方法をいろいろな手段を使って組み立て、**ストレスを知らず知らずのうちに乗り越えるような体験を積む**ことで、ストレス耐性を獲得して成長していけるようにします。例えば、教室移動のときに、みんなで並んで行く方法があります。これも、仲間やいつもと同じ行列という空間を、そのまま次の教室にもっていくことで、あまりストレスを感じることなく場所の変化に対応して動くことができるという立派な手段です。何度も続けていくことで、違う場所への移動自体にみんな慣れていきます。

大まかに聞くということで今の状況を推し量る

では、まずは何から始めたらよいのでしょうか。

こういうときは、**子どもたちの表情や、少しずつ漏れてくる言葉のやりとりから、その子のストレスの状況を推し量る**ようにしています。その子に直接聞くという方法もありますが、逆に苦手意識を定着させるようなことにもなる可能性があります。そこで、自然とその子が発している表情や言葉、行動から、その子のストレス度合いをそれとなく推測していくのです。

あまり緊張が激しいときは、**スモールステップの形を取り、徐々に慣れていけるように**します。

・その場に少しずつ近寄ってドアの前に立つ
・前のドアから入らないで、後ろのドアから入ってみる
・友達の後について部屋に入ってみる

その子の状況によって、スモールステップは細かく調整するようにします。その子の状況をしっかり踏まえた上で、無理なくその子も先生もとれる手段を選択すべきです。

また、例えば「左足から入っていく」ことをルーティン化するという方法もあります。ルーティンとは、スポーツ選手などが、実際に自分の活躍すべきときに緊張をほぐしたり、集中力を高めたりするために、毎回決まった動作をするという方法です。緊張しやすい子の場合は、一緒にさりげない秘密のルーティンを考えてあげるのも一案です。

集団や環境の変化から受けるストレスというものに着目しつつ、その度合いをどうやったら下げられるのかに着目すると、いろいろな新しい方法が見えてきます。

ケース 16

「朝ご飯を食べていない」と言う子

教師の振る舞い　オウム返し

situation

朝の健康観察のとき、なんとなく落ち着かない素振りを見せる子にもしかしてと思って聞いてみました。

「ねえねえ、今日はどうしたの？」

すると、朝ご飯を食べていないとの答えが返ってきました。

聞き方のポイント

その言葉の裏には、隠された本当の意味があるかもしれません。その子の言いたいことは一体何なのかを想像し、複数の選択肢を用意しましょう。

言葉は本当にその子の心の表れ？

89頁でも述べたように、**子どもの言葉は必ずしも、本当にその子の心を表しているとは限りません。**

「朝ご飯を食べていない」

と子どもが言ったときもそうです。これを言葉通りだけでとらえるなら、「本来、食べてから学校に来た方が良いことになっている朝ご飯を食べていない」という事実のみになります。しかし、その子の側に立って考えてみれば、本当のところは実に様々な事例があります。

また、おかしいことに本人が気づいているのかどうかも見極めていく必要があります。対処の仕方も様々ですから、**そのとき、本人が感じていることを聞けるか聞けないかは、対処の方向性を決める上での大きな鍵**となります。

まずは、

「大丈夫かい？　よく来たね。給食まで我慢できるかい？」

と、それでも学校に来てくれたことをねぎらう言葉がけをします。また、連絡帳に目を通したり、表情や行動を観察したり、熱を測ったりという一通りの流れの中で、それとなく状況分析を進めます。場合によっては、家庭に直接連絡が必要になることもあります。

「朝ご飯を食べていない」の本当のところ

私の担任経験から、予測できることを書き出してみます。

- 毎朝食べない習慣だけど、今日はたまたま言ってみた。
- 朝、好きな食べ物がなかったので、自分で食べないと決めて学校に来た。
- 寝坊してしまったので、朝忙しくて食べている余裕がなかった。
- 朝、食べるご飯が用意されていなかった。家の人ももういなかった。
- 今日のことではなく、昨日や一昨日に朝ご飯を食べなかったことがある。

といった具合で、そのときの言葉だけでは、本当のところはやはりわかりません。

そこで、その次の言葉を聞き出す技術も必要になります。また、同時進行で、感覚をフル動員して、その子の状況や空気感を分析します。

例えば、**「好きな食べ物がなかったので、自分で食べないと決めて学校に来た」**という場合には、もしかすると発達上の凸凹も予測される子なのかもしれません。給食を食べる・食べないなどの日常の行動による裏付けがあれば、よりその予測は強くなります。相手の言い分を聞きながら、好きなものだけでもとにかく食べてきたことにねぎらいの声をかけるようにします。

朝は何も言わないのに、四時間目あたりからイライラしたり、気分が悪くなったりする子もいるでしょう。心配しつつも様子や経過を見守ることは多いと思いますが、**「朝、食べるご飯が用意されていなかった。家の人ももういなかった」**というような事例の場合は、即、校内各担当者と相談しての対応が必要な場合もあります。

朝の何気ない一言で、その子の状況や担任・学校の姿勢を問われることもあるのです。

ケース
17

忘れ物がとても多い子

教師の振る舞い　兄弟の話　日々のつぶやき集め

situation

その子は忘れ物が多く、必要なときに必要な物がそろいません。どこかにあることは確かで、ご家庭でも配慮してくれています。しかしなぜか、肝心なときに物が見つからないのです。

聞き方のポイント

その子の話を受け止めながら、その子が話してくれていることの真意を聞き出すことができれば、身近なところに解決策が見つかることもあります。

忘れ物を繰り返す子

その子は、話したいことはたくさんあっても言葉がなかなか思いつかず、言いたいことが言えないように見えました。友達と話していても、いつの間にか話の中身でトラブルになり、相手に手を出すことも多かったのです。そして、もう一つの顔もありました。

「先生、忘れちゃった」
「えっ、また忘れたの？　しょうがないなあ」
「えへへへへ」

これが毎日繰り返される私との会話です。とにかく忘れ物が多く、教材がそろわないのです。でも、どんどん私には話しかけてくれます。最近妹ができたこと、帰ったら誰と遊ぶのかなどなど、いつも他愛もないことでしたが、受けた言葉をスルーせず、頷いたり、言葉を返したりと何らかのアクションを私がするごとに、その子は嬉しそうにしました。

そんな毎日を続けていきながら、少しずつ身辺の困りごとの改善に乗り出しました。その頃には、こちらが話を聞いた分だけ、その子が何を言いたいのか、何に困っているのかについても少しずつ汲めるようになっていました。

「ねえねえ、何か困っていることはないの？」
「…ないよ」
「じゃあ、今日使う〇〇持ってきた？」

すると、ちょっと机の周りを探す素振りが見られました。

「探したけど、ない。持ってこなかったかも」

といっても、探したのはこちらからも見えている場所だけでした。どうやら、一目で見渡せないところには意識が向かわないようなのです。そこで一緒に机の中を探すと、中身はぐちゃぐちゃ。今までのお便りや渡した物、教科書などが詰め込まれていました。一通り一緒に整理したら、なんと目的の物が出てきました。その子は本当に嬉しそうで、聞けば、「今まで探し出せたことがあまりなく、みんなどこかへいってしまう」というのです。

「なくなった」の本当の意味

どうやら、「なくなった」とその子が言う本当の意味は、**「見えないので、どこにいったのかわからなくなった」**ということのようでした。ほんのわずかな気づきですが、そのヒントは、とても大きな意味をもちました。

まずは、日々の配り物です。机の中に入れると所在がわからなくなってしまうため、机の上に透明なシート（デスクマット）を敷き、とりあえずその内側に入れておくようにしました。とにかく配布物はデスクマットの下にしまっておくのです。ちょっとかさばりますし、いろいろな物が見えて気が散るような気もしますが、本人曰く、いつも見えているので安心するのだそうです。机の中にしまう教科書やノート、ワークは、透明なファイルに入れて教科書セットを作りました。国語セット、算数セットという具合です。本人にとってはなくなったとも感じられる机の中ですが、不思議とセットならよいのだそうです。

こうして、徐々にその子の忘れ物は減り、自信がついたことにより、トラブルも少しずつ減りました。**その子の言葉の本当の意味を聞くことの大切さ**がよくわかった事例でした。

ケース
18

授業で自分の意見をなかなか言えない子

安心・安全なクラス　教師の振る舞い　アイコンタクト

situation

授業で自分の意見をなかなか言えない子がいます。その子の発言の番が回ってきても、口ごもってしまいます。しかし、きっかけさえあれば、その子は立ち直ることができるかもしれません。そこには、どんな方法があるのでしょうか？

聞き方のポイント

「聞き取る」とは、子どもから音声として出てきた言葉を聞くことだけではありません。少しずつ意思表示できる場をつくり、動き出す意欲をもてるようにします。

一人一人状況は違う

授業で自分の意見をなかなか言えない子の状況は、一人一人違います。その子自身の気持ちのもち方によるものかもしれませんし、あまり発言の意欲がない子なのかもしれません。しかし、その子がもし先生の授業の内容に魅力を感じていて、自分の考えをみんなに伝えることに価値を見いだしてくれるのならば、やはり**その子が自ずと話ができるように、自分から話し出しやすいように、場をつくる**べきだと思います。

また、自分の意見をなかなか言えない子は、普段からあまり話さない子、発言そのものが少ない子の場合もあります。そんなときは、「聞き取る＝音声として出てきた言葉を」ということにこだわらず、**「聞き取る＝心の声までも」**と考えると、様々なスモールステップが思いつくと思います。心の声なのですから、何も話しての発表でなくてもよいのです。

意思表示の場のつくり方

そこでまずは、**意思表示の場**をつくります。「賛成の人・同じ意見の人・反対の人、手を挙げてください」という風にして、様子を見守ります。周りの人たちと同じ意見ばかりでも構わないので、とりあえずは、課題に反応してくれる動きを大切にしましょう。

また、ネームプレートを自分の分身と考え、それを置く場所によって意思表示をさせるという方法も良いでしょう。それまであまり意思表示をしなかった子が、黒板に書かれたいくつかの意見を一生懸命に読み比べ、少し迷いながらも自分のネームプレートの落ち着き先を探すさまは、まさにその子が心を開いた表れそのものではないでしょうか。

だんだん慣れてきたら、自分の考えを書いたものや考えがわかるものをみんなの前で見せたり、表現したりするという方法も考えられます。ある段階まで来れば、アイデア次第でいろいろな方法が生まれてくるでしょう。

ポイントは、その子が、**「自分の考えを示してみよう」「発言をしてみよう」という気持ちになり、動き出すことに意欲をもてるようにしていく**ということです。そのときに、担任であるあなたが、その子の話を受け止められるのか、その子の考えに寄り添えるのかということが、大きな分かれ道になります。

「あの先生なら、私の話を受け取ってくれる」「このクラスのみんななら、私の話をきっと聞いてくれる」「どんな小さい声であっても、精一杯やったら聞き取ってくれる」「話してもいいかなあ」…そういう気持ちをその子がもてるような先生、学級経営を目指したいものです。

チャンスや方法次第で新たな側面が見える

あるとき出会った子は、普段は何も言わない子でした。人に合わせているだけでした。親切な子が、いつも身の回りのお世話をしてくれているようでした。

しかしその子にも、自分の考えていたことについて発表をするチャンスが訪れました。そこにあったのは、プレゼンソフトや実物投影機です。これらの機材を使うことによって場面を区切った絵カードやスライドを示すことで、その子は自分の思いを表現できたのでした。複雑なことは話せなくても、精一杯自分の考えを話し出すその姿に対して、クラスのみんなもしっかり聞く姿勢をもっていました。聞きながら私も、「この子にこんな考えがあるなんて」とびっくりしたことを覚えています。

仮に、あまり発言がない子がいたとしても、それはもしかすると、機会やチャンス、方法が少し不足していたということだけなのかもしれません。方法次第では、違う側面、新たな側面が見えてくることもあるのです。

あとがき

私は本を読むときに、なぜかあとがきから読む癖があります。どうやら本というものに抵抗感があり、後ろからちょっとずつ前に読み進めていけば、いつでも終われるんじゃないかと思っているようなのです。この本を同様に読まれている方がもしいらっしゃいましたら、私と同じ気持ちの方とお見受けいたします。お友達になれそうですね。

実は、本を後ろから読むような、ほんのちょっとの工夫や発想の転換が、人の苦手さや困難さを少しでも和らげ、良い方へと導くのかもしれません。この本を手に取ってくださった方は、きっとそんなところにご興味をもってくださる方と思っております。

まずは、心からお礼を申し上げます。

本の内容には、どちらかというと内省的なタイプの私が、「聞く」ということを通じて、どのように子どもたちと接してきたのか、逆に言えば、どのように子どもたちは教えてくれたのかを記述したつもりです。子どもたちと話すのはとても楽しいです。もちろん山あり谷ありですが、教職の魅力はそこにあると思います。また、初歩的なものですが、心理的な知見も自分の立場でわかる範囲で取り入れてあります。知識があって、初めて理解できる行動の表れなどもあるからです。

一方、教育現場で役立つ技術とは何でしょうか。外部からの助言等もとても大事ですが、同じ立場で子どもたちと向かい合う、そんな現場でのよりリアルな知恵や技術が、今一番必要とされているのではないかと思います。私も日々、学級担任として教壇に立つ立場です。ですからこの本は、「お隣の席の先生との話」という感じで読んでいただきたいです。こうした職員室での温かな話で何度も私はヒントをいただき、助けてもらいました。恩返しができたらと思います。

そんな一教諭の私に、このような素晴らしい機会をくださった、明治図書の大江様には、約半年の間、とても密なやりとりを、昼夜を問わず進めていただき、本当にありがとうございました。大江様がご提案してくださった、「聞く」という概念で、私も今まで自分が抱えていた疑問に、ここにきて答えが出せそうな気がしています。感謝の念に堪えません。

最後に、新任の頃から何十年にもわたって様々な教職のイロハを教えてくださった、たくさんの同僚の皆様、そして教師である私をこれまで支えてくれた家族のみんなに感謝致します。

二〇二三年五月

渡邊　満昭

参考文献

・尼崎市教育委員会『不登校の子ども理解・支援ハンドブック』二〇二二年

・國分康孝・國分久子 総編集『構成的グループエンカウンター事典』図書文化社、二〇〇四年

・東京都教育相談センター『学校教育相談推進資料（改訂版） 子供の心が開くとき 子供と心が通うとき』二〇〇七年

・平木典子『会話が続く、上手なコミュニケーションができる！ 図解 相手の気持ちをきちんと〈聞く〉技術』ＰＨＰ研究所、二〇一三年

・藤村コノヱ『環境学習実践マニュアル―エコ・ロールプレイで学ぼう―』国土社、一九九五年

・松本太一『アナログゲーム療育 コミュニケーション力を育てる～幼児期から学齢期まで～』ぶどう社、二〇一八年

・山口真美「乳幼児は顔を区別する」『心理学ワールド』90号、公益社団法人日本心理学会、二〇二〇年

・山本淳一 監修／吉野智富美 著『ＡＢＡスクールシャドー入門 特別に支援が必要な子どもたちを園や学校でサポートする親・セラピストそして先生のために』学苑社、二〇一二年

【著者紹介】

渡邊　満昭（わたなべ　みつあき）

静岡県公立小学校教諭。伊豆半島各地と静岡市で小・中学校各学年を担任。また，特別支援学級，通級指導教室，特別支援学校に勤務。子どもとともに歩み，時には走り，その子の好きなこと・得意なことを見出し，見守り支えつつ将来の自立や自己実現につなぐことを目標としている。
専門分野は学校生活での心理支援，特別支援教育，ユニバーサルな野外・環境教育，保健体育。県内各大学，幼稚園・小・中学校，保護者，一般向けの講演・研修会講師は，45回を数える。
公認心理師，学校心理士，学校カウンセラー，野外教育インタープリター，JSPO 公認陸上競技コーチ１。日本教育相談学会静岡支部，日本学校心理士会，静岡県公認心理師協会，静岡県生活科・総合的学習教育学会所属。

「子どもが心を開いてくれない」と感じたら読む
先生のための「聞き方」の本

2023年７月初版第１刷刊　©著　者　渡　邊　満　昭
発行者　藤　原　光　政
発行所　明治図書出版株式会社
http://www.meijitosho.co.jp
（企画）大江文武（校正）江﨑夏生
〒114-0023　東京都北区滝野川7-46-1
振替00160-5-151318　電話03(5907)6702
ご注文窓口　電話03(5907)6668

＊検印省略　組版所　株　式　会　社　カ　シ　ヨ

Printed in Japan　ISBN978-4-18-228926-2

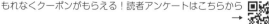